解密青春期

叛逆不是孩子的错

李晗 著

中国铁道出版社有限公司
CHINA RAILWAY PUBLISHING HOUSE CO., LTD.

图书在版编目（CIP）数据

解密青春期：叛逆不是孩子的错 / 李晗著 . — 北京：
中国铁道出版社有限公司，2022.3
（有方法的父母不焦虑）
ISBN 978-7-113-28989-8

Ⅰ . ①解… Ⅱ . ①李… Ⅲ . ①青春期 – 家庭教育
Ⅳ . ① G782

中国版本图书馆 CIP 数据核字（2022）第 054139 号

书　　名：**解密青春期：叛逆不是孩子的错**
作　　者：李　晗

责任编辑：陈晓钟　　　　读者热线：（010）51873697
封面设计：仙　境
责任校对：安海燕
责任印制：赵星辰

出版发行：中国铁道出版社有限公司（100054，北京市西城区右安门西街 8 号）
印　　刷：三河市兴达印务有限公司
版　　次：2022 年 6 月第 1 版　2022 年 6 月第 1 次印刷
开　　本：880 mm × 1 230 mm　1/32　印张：7　字数：153 千
书　　号：ISBN 978-7-113-28989-8
定　　价：59.00 元

序　言

从某种程度上讲，所谓成长，就是一代人顽固地拒绝上一代人的建议，然后把上一代人犯过的错再犯一遍。然而回过头来想一想，作为曾经屡次犯错的孩子，我们又有什么资格剥夺孩子犯错的权利呢？或许这才是青春期成为"叛逆期"的真相。

面对叛逆的孩子，多数父母都会觉得头痛不已。家长对孩子的教育原本应该是"顺水推舟"，可是青春期的孩子却成了一汪逆水，让家长感受到了"逆水行舟"的艰难。

在家长眼中，孩子的叛逆往往是走向失败的开始。然而回想一下我们的成长经历，在孩子这么大的时候，是否也给自己的父母制造过类似的"麻烦"呢？我们的人生最终因此失败了吗？想必绝大部分人的回答应该是没有吧！所以，叛逆并不可怕，回想我们自身，我们会发现，叛逆其实是一个人走向成长的开端。

所以，叛逆本身并不是问题，和孩子一起理性面对叛逆，陪孩子平稳度过叛逆期，这才是最重要的。

为了应对孩子的叛逆，家长通常会出尽百宝，可逐渐有了自己主见的孩子懂得"见招拆招"，最后家长往往是无招可出。为什么家长用尽办法，还是无法解决孩子的叛逆问题呢？真相就是——我们只看到了孩子的叛逆表象，却没有发现叛逆背后孩子的心理需求。

"我需要更多自由""我内心缺乏安全感""我渴望获得关注"……叛逆期的孩子试图向家长传递这样的心声。当家长探明孩子叛逆背后的根本原因，并愿意满足孩子内心的合理需求后，孩子的叛逆行为自然会减轻或者随之消失。

本书根据孩子的成长特点，为家长深度剖析了孩子叛逆行为背后的成因，并给出了切实有效的解决方法。为了帮助家长理解孩子的内心，为了让家长与孩子相处得更加融洽，为了从根本上解决孩子的叛逆问题，本书应运而生。

第一，为了实现非暴力沟通，父母需要做到真正的高质量陪伴。父母要尊重孩子，理解孩子，跟孩子沟通时要有耐心，不要打断孩子说话。给孩子创造一个温馨和谐的环境，才能为解决孩子的叛逆问题奠基。那么，如何高质量陪伴孩子呢？关于这部分内容，家长可以从本书第三章找到答案。

第二，青春期的孩子比较容易情绪化，与其他成长阶段的孩子相比，他们有自己的情绪特点，而情绪化是亲子沟通的大敌。家长要管理好自己的情绪，这样才能进一步帮助孩子排解不良情绪。那么，如何应对青春期孩子的情绪化问题呢？关于这部分内容，家长可以从本书第四章寻找答案。

第三，为了避免孩子出现挑战权威的叛逆行为，父母要尽量满足孩子的主体意识。孩子也是一个独立的个体，家长在跟孩子交流时，切忌用冷冰冰的大道理代替情感交流。如何应对孩子挑战权威的叛逆行为呢？关于这部分内容，家长可以从本书第五章寻找答案。

第四，为了解决孩子的不良社交问题，父母要在安全范围内尊重、信任孩子。家长要及早对孩子进行性安全教育，并且告诉孩子每个人都是独一无二的，对自己要自信，对他人要尊重。关于孩子不良社交的相关问题，家长可以从本书第六章寻找答案。

第五，为了解决孩子的厌学问题，父母要多从自己身上寻找原因。是不是对孩子的学业要求太严？是不是自己本身就不爱读书学习？是不是孩子在学校遇到了什么事情，自己却没有察觉？关于这部分内容，家长可以从本书第七章寻找答案。

第六，为了解决孩子的畸形消费问题，父母要引导孩子形成正确的价值观和消费观。家长可以跟孩子一起制定一些消费规则，并及时了解孩子花钱的原因。关于这部分内容，家长可以从本书第八章了解到。

总之，青春期的孩子是独立的，也是渴望关爱的。如果家长真的爱孩子，那么最好的方式就是用心陪伴他们，与他们共同成长。

其实，无论是对孩子还是对家长而言，成长都应该是一件快乐的事情。孩子的叛逆期是一个令人头痛的时期，也是影响孩子未来发展方向的重要时期。相信通过阅读本书，每位家长都会收获应对孩子叛逆行为的方法，也会让孩子的成长变得更加顺利。

最后，希望每个孩子都能健康、快乐地成长！

目　录

第七章 厌学——要从自身多找原因

第八章 畸形消费——引导孩子形成正确的价值观和消费观

第九章 换种理念爱孩子，从根源上减少叛逆行为

第一章

认识叛逆，叛逆其实并不可怕

第一节　孩子叛逆，说明孩子在成长

"哎呀，怎么喝个汤都能流出来，你下巴是小漏勺啊！"奶奶一边说，一边给豆豆擦了擦嘴。没想到，豆豆一脸嫌弃地躲开了："哎呀，奶奶！我都 14 了，您怎么还给我擦嘴呀！我又不是没有手！"

奶奶尴尬地把手放了下来，嘴里还唠叨着："14 怎么了，你就算 24、34 了，在奶奶眼里也还是个小孩，你不让我给你擦，你倒是吃饭别漏汤啊，你爸都 40 了，还不是老让我操心？我倒是想省心，你们……"

"哎呀奶奶，您别唠叨了，烦死了！"豆豆不耐烦地捂着耳朵说道。

"你这孩子，怎么跟奶奶说话的？你个小白眼儿狼，奶奶白疼你了！"奶奶气道。

"行了行了，妈，您别跟豆豆生气了。"爸爸赶紧打圆场，"他现在青春期，正叛逆着呢，您别跟他一般见识，赶紧吃饭吧！"

当十几岁的孩子把家里搞得鸡飞狗跳时，家长的脑海里总会冒出这样的想法，那就是——这孩子肯定是青春期到了，开始叛逆了。

是的，在很多家长看来，青春期跟叛逆是划等号的，可事实果真如此吗?

叛逆，其实是父母站在自己角度来评论孩子行为的说辞。比如父母认为孩子不听话、不懂事、不顺从，那他们就会用"叛逆"这个词来形容孩子。

那么，孩子到底为什么总跟父母对着干呢? 因为随着年龄的增长，孩子的自主意识开始增强，尤其是步入青春期后，他们会对自由独立产生强烈的欲望。这一时期，孩子会希望获得人格的尊重，会希望获得独立的空间，也会希望获得可供自己独立支配的零用钱。如果孩子的愿望没有实现，他们就会尝试与父母对抗，以此来争取这些愿望，而此时孩子选择对抗父母的方式，在父母看来就是叛逆行为了。

对于叛逆行为，我们可以从"在家庭生活中的表现"和"在学校生活中的表现"两方面来进行判定。

第一，在家庭生活中的表现

在家庭生活中，孩子最明显的叛逆行为是语言叛逆、冷暴力，比如"跟父母顶嘴""懒得搭理父母"等。当孩子出现上述行为时，家长应该进行一些自我反思，是不是给孩子的成长空间不够? 是不是给孩子的尊重不够? 是不是对孩子的关注不够……只有及时发现叛逆背后的原因，才能从根本上解决叛逆问题。

第二，在学校生活中的表现

在学校，孩子的叛逆行为主要是针对老师以及同学的叛逆行为。针对老师的叛逆行为有"上课故意不听讲""跟老师顶嘴""逃课"等; 针对同学的叛逆行为有"拉帮结伙孤立同学""跟同学吵架、打架""强迫同学做对方不愿意做的事情"等。当孩子出现上述行为时，家长既不要劈头盖脸地责罚孩子，也不要纵容孩子，而是要配合学校找出原因，这样才能真正解决问题。

其实，当孩子初现叛逆端倪时，家长大可不必一副如临大敌的样子。因为对很多孩子来说，叛逆是他们成长的必经阶段，孩子叛逆，说明他们在成长。

叛逆，说明孩子的身体和认知都在走向成熟。

随着孩子慢慢长大，他在生理方面不断走向成熟，大脑在不断发育，认知能力也在不断提升，这为叛逆的出现打下了基础。叛逆，说明孩子长大了，变得更聪明了，这样，他们才有跟家长"反抗"的资本。叛逆是孩子生理成熟和思维水平提升的结果，是孩子成长的表现，从某种程度上讲，叛逆对孩子来说并不是一件坏事，而是一种成长和进步。

叛逆，说明孩子在进行自我探索。

叛逆是孩子与这个世界接触的一种方式，也是他们进行深层次的自我认识的手段。叛逆是孩子自我同一性发展的需要，是成长的需要。"自我同一性"本意是证明身份，指个体尝试着把与自己有关的各方面结合起来，形成一个自己决定的、协调一致且不同于他人的独具"统一风格"的自我。通过自我探索，孩子会逐渐对"我是谁""我有什么特点""我喜欢或需要什么"，甚至"我将来要干什么"等问题有更深一步的思考与认识，并最终找到答案。

叛逆是孩子发泄不良情绪的方式，也是一个进行自我调整的过程。

青春期的孩子，他们的理性大脑更容易失控，而情绪大脑超级活跃，此时又有荷尔蒙等激素"助阵"，致使他们的情绪很不稳定，而叛逆成了他们宣泄情绪的有效出口，同时，也为他们进行自我调整做了铺垫。

总之，孩子叛逆并不可怕，它是成长的必经之路。当孩子初现叛逆端倪时，家长朋友们需要告诉自己——孩子的成长不仅仅体现在"身体长高""知识增长"层面，更重要的是孩子心智的成长，而孩子的叛逆行为，恰恰是他们成长的开端。

当孩子表现出叛逆时，家长不妨换一种思维方式——正是孩子的叛逆促使我们反思自己，发现了孩子的真实需求，明白了"噢，我原来这里做得不够好""原来孩子在某件事上有自己的想法"。所以，当孩子出现叛逆问题时，父母应该拿出足够的耐心和诚意与孩子推心置腹地长谈一番，或者采用其他方式，努力找出孩子叛逆背后的真正需求，这样才更有利于问题的解决。

叛逆，说明孩子在成长

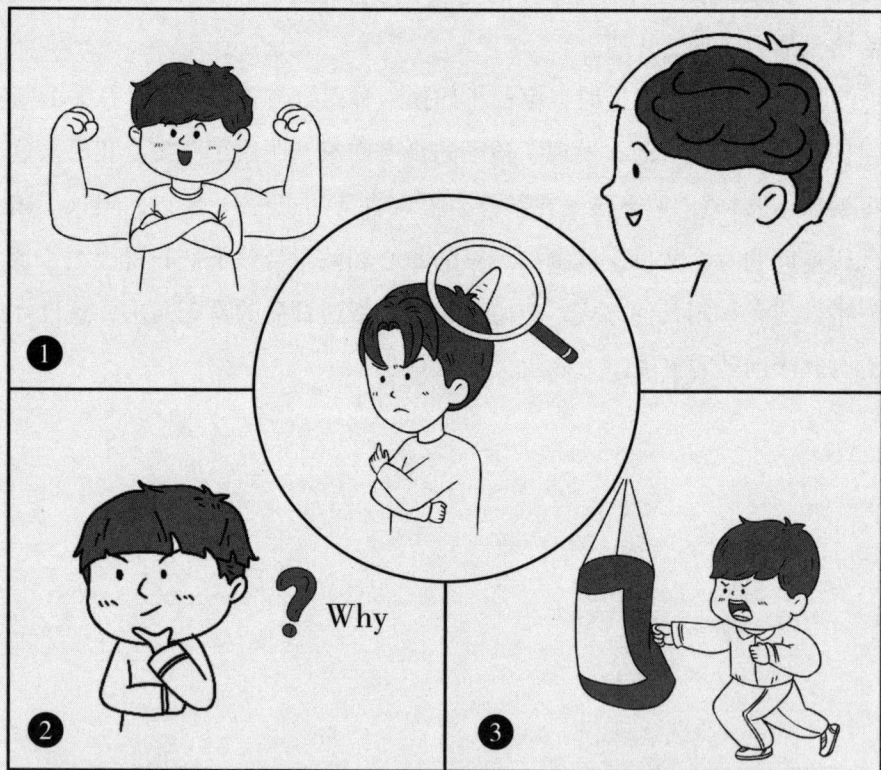

1 叛逆，说明孩子的身体和认知都在走向成熟；

2 叛逆，说明孩子在进行自我探索；

3 叛逆，是孩子宣泄不良情绪的方式。

第二节　孩子之所以会叛逆，与这些因素有关

"妈，我跟你说多少次了，别随便动我的东西，你怎么就是记不住呢！"刚升高中的小浩烦躁地冲妈妈嚷道。

妈妈听了有些难过："你说你这孩子，怎么这么不知好歹！你的房间乱得跟猪窝似的，自己也不知道收拾，我帮你收拾了你还这么讲。"

小浩摆摆手："以后我的东西你少动。不经我同意动我的东西，你这是在侵犯我的隐私！"

"哼，"妈妈冷笑一声，"你倒是说说，我侵犯你什么隐私了？我动你日记本了？我还是翻你抽屉柜子了？我去你房间扫扫地、拖拖地就侵犯你隐私了？"

小浩脸涨得通红："反正不许你进我房间！"

"你房间？"妈妈再次反驳，"这房子是你掏钱买的？房产证上写的是你的名字？这家里所有东西都是我的，我想去哪儿就去哪儿！"

听着妈妈的话，小浩沉默了。当天，小浩就离家出走了。妈妈十分后悔，但是，她还是不理解这件事为什么会发生——"我什么都没干，就去他房间扫了扫地，他就离家出走了，现在的孩子未免也太脆弱了！"

在家长看来，青春期的孩子正处于一个尴尬的阶段——他们渴望像个大人，可本质上却还是个孩子。别的不说，单从心理承受能力来看，成年人与孩子就有很大差别。就拿例子中的小浩妈妈来说，她觉得小浩的心理承受能力太差，觉得自己只是去他房间扫了个地，小浩就离家出走了，真是没事找事！可实际上呢，小浩觉得自己的独立空间受到了侵犯，感觉自己一点都得不到妈妈的尊重，他对妈妈非常失望，这才决定用离家出走的方式来对抗妈妈。同样一件事，成年人可能觉得无所谓，但孩子却觉得简直就像世界末日一样严重！所以，家长不要站在自己角度去评估孩子的承受能力，这样是不合理的。

那么，孩子为什么会变得叛逆呢？除了他们的自我意识觉醒外，孩子的叛逆又与哪些因素有关呢？我们一起来看一下。

因素一，孩子的叛逆，与他们的发育有关。

步入青春期的孩子，在体内生长激素的刺激下，个头会明显蹿高，四肢也会更有力量；随着性激素的刺激，青春期孩子的第二性征也愈发明显，这种身体上的变化，会给孩子的内心带来很大冲击。

除了身体发育外，他们的大脑也在快速发育。青春期孩子的大脑变化，主要体现在多巴胺分泌水平的显著增高上。在旺盛的多巴胺的滋养下，孩子们会变得明显冲动，同时它也更容易让他们对高热量食物、游戏、烟酒等物上瘾。从外形上看，随着身体的不断发育，青春期孩子开始接近成人。从思想上看，他们的自我意识开始蓬勃发展。这一时期，他们很多时候会通过挑战大人权威的方式来验证自己的思想或力量，而这种挑战权威的行为，在父母看来就是叛逆了。

因素二，孩子的叛逆，与他们旺盛的好奇心有关。

我们知道，小孩子的好奇心是非常旺盛的，因为这个世界对他们来说非常新奇，到处都是新鲜有趣的东西。事实上，这个世界对青春期大孩子的诱惑也是非常大的。随着年龄的增长，孩子会接触到很多成年人世界的东西，他们会对此产生旺盛的好奇心。

为了证明自己已经长大，为了进一步窥探大人世界，他们会悄悄尝试很多新鲜的事物。比如有的孩子会觉得"抽烟的男人很有魅力""打架的古惑仔很帅""跟老师对着干会显得自己很威风"，于是，他们会尝试抽烟、喝酒、打架、跟父母老师顶嘴，甚至动手。其实，这些叛逆行为与他们的好奇心有一定关系。

因素三，孩子的叛逆，与他们的性格有关。

正如世界上没有完全相同的两片树叶，每个孩子的性格也不尽相同，他们在叛逆期的表现也会有所不同。

比如性格内向、文静的孩子，即便他们处于叛逆期，也很少会出现跟父母老师顶嘴、动手打架、摔东西、离家出走等叛逆行为，他们大多会用沉默来消极对抗。而性格外向的孩子则正好相反，他们通常会表现出激烈的叛逆行为，以此来表达自己的不满。

事实上，叛逆其实并不是孩子故意为之，而是其生命成长过程中的一个特定阶段，绝大部分人都会经历，有的人即使在成年之前没有表现出明显的叛逆，成年之后也可能会在某种契机下表现出来。所以，家长应该以平常心对待孩子的叛逆行为，在陪伴孩子成长的过程中，多关注孩子，多去理解、尊重孩子，这样才更有利于孩子的健康成长。

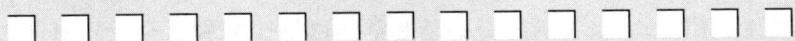

叛逆与这些因素有关

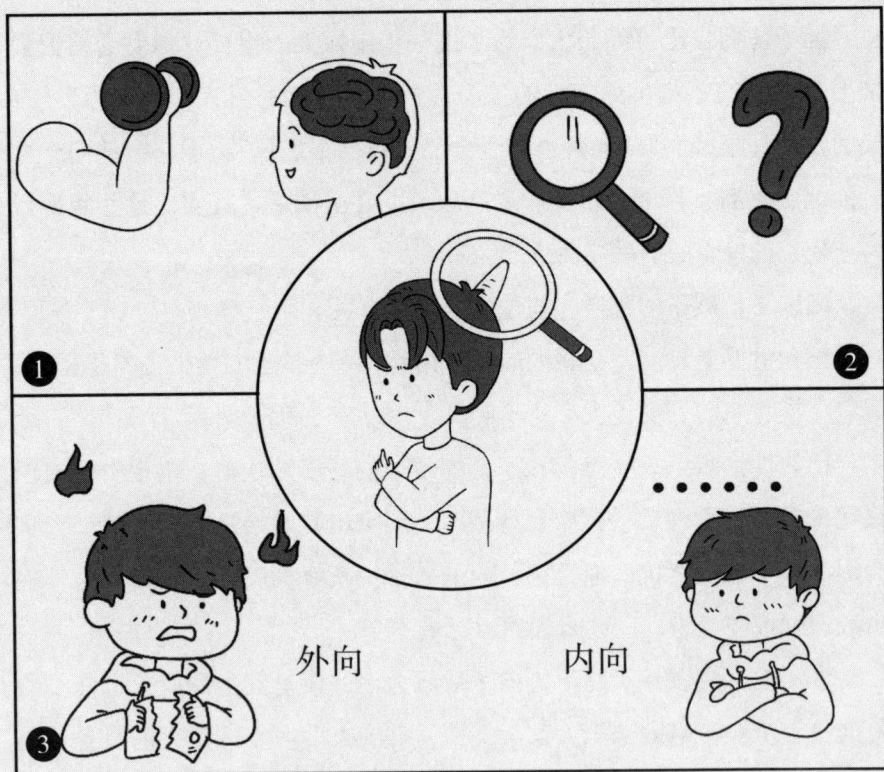

外向　　　内向

1 孩子的叛逆，与他们发育有关；

2 孩子的叛逆，与他们旺盛的好奇心有关；

3 孩子的叛逆，与他们的性格有关。

第三节　这些教育方式更容易让孩子走向叛逆

"真不知道是哪里出了错，他小时候明明不是这样的，"阿旭妈妈哭着说道，"都怪阿旭爸爸，对阿旭那么严苛，他才会变成这样！"

"你还好意思说？还不都是被你惯的！"阿旭爸爸愤怒地反驳道。

原来，在阿旭出生之前，爸爸妈妈就决定用"一个唱红脸，一个唱白脸"的方式来教育孩子。爸爸对阿旭非常严厉，而妈妈则非常宠溺孩子。

阿旭刚升初三不久，班主任就把二人叫到了学校，很严肃地告诉他们，阿旭不但偷同学的钱，还经常在学校门口抢低年级学生的钱，希望他们回家好好教育阿旭。

阿旭爸爸妈妈很诧异，阿旭一直都是个乖孩子，而且家里根本没缺过阿旭零用钱，那他为什么会偷、抢同学的钱呢？

阿旭父母采用了一种很传统的教育方式，那就是"一个唱红脸，一个唱白脸"。其实，这种很多父母都在用的教育方法本身是存在问题的，它容易让孩子走向叛逆，对孩子的成长非常不利。

1. 父母双方教育不统一，可能会让孩子走向叛逆

阿旭爸爸的严苛会让阿旭变得胆小自卑，而妈妈无条件的宠溺又让他变得有恃无恐、无法无天。我们不难想象，在爸爸面前，阿旭会千方百计地讨好，在妈妈面前，阿旭则十分任性。长此以往，孩子就会在矛盾心理的作用下，将情绪诉诸叛逆行为，这样不仅是对他人还是对自己，都会造成重大影响。这也是阿旭"当面一套，背后一套"的主要原因。

在心理学上有个名词，叫"斯坦福狂鸭症"，说的是湖面上的鸭子看上去悠闲自在，一动不动，但其实水面之下的鸭掌正在疯狂划动。而家庭教育，往往是"斯坦福狂鸭症"的温床。很多表面懂事的孩子，其实是一只只"狂鸭"，他们表面让人感觉风平浪静，实则却是暗流汹涌。

在家庭教育中，家长朋友应切忌"一个唱红脸，一个唱白脸"。父母应当"统一战线"，并以此为基础分工合作，共同去教育孩子。

除了父母双方教育不统一外，还有哪些教育方式容易让孩子走向叛逆呢？

2. 规矩随时变，权利时给时收

人最怕的是失去。对于权利和自由，家长给一点又拿走，这样做其实比一直不给更危险。孩子刚刚感受到了自由和权利的美好，家长就要将其夺走，此时，无论换作谁，都不会轻易将其拱手相让，于是不免发生一场"战争"，叛逆也就随之发生。

3. 过于溺爱的教育方式

"溺爱"一词，之所以用"溺"来修饰"爱"，就证明"溺爱"这种行为如同溺水一般。过度的爱不会让孩子心怀感激，也不会对孩子产生

帮助。被过度宠爱的孩子，由于长期被亲人的溺爱所包围，他们根本不懂得为他人着想，不会将心比心，他们一切都以自我为中心，稍不如意便很容易走向叛逆。

4. 简单粗暴的教育方式

不少父母信奉"棍棒底下出孝子"，觉得孩子不打不成器，不打不长记性。所以，当孩子犯错的时候，很多父母都会选择一巴掌打过去，让孩子下次不敢再犯。

其实，这种方式在孩子小时候是比较有用的，因为小孩子不敢跟父母对抗，也很懂得"委曲求全"，可随着孩子年龄的增长，他们会对父母简单粗暴的教育方式越来越反感，到真正有力量反抗父母的时候，他们便会频繁跟父母顶嘴，甚至动手，以此来保护自己。

所以，家长朋友千万不要因为"想省事"而选择简单粗暴的教育方式，这样只会给孩子带来童年阴影，让孩子变得越来越叛逆。

5. "严于律人，宽以待己"的教育方式

有些父母喜欢设定一些条条框框的规矩，希望以此让孩子变得优秀，比如吃饭的时候不能说话，每天看 1 小时书等。可是，就在孩子兴致勃勃地执行这些规定时，父母却率先违背了规定。比如孩子正在安安静静地吃饭，家长却在饭桌上"唾沫横飞"，比如孩子在桌前拿起书本，父母却躺在沙发上玩着手机。

这种"严于律人，宽以待己"的教育方式会让孩子产生极大的不平衡，也会让孩子变得蔑视规矩，从而滋生一系列叛逆行为。

除此之外，喜欢唠叨的父母，控制欲强的父母，无法掌控自己情绪的父母，都会在教育孩子的时候给孩子带去负能量。

作为家长，我们既然将孩子带到这个世界上，就有义务教他们如何应对这个世界。让世界适应孩子是不现实的，所以家长不能过分溺爱孩子；让孩子一辈子听话懂事也是不现实的，所以家长不能一直绑着孩子，也不能替他们决定自己的喜怒哀乐。

家庭环境以及父母的教育方式对孩子的成长影响深远，在陪伴孩子成长的过程中，作为父母，我们一定要注意自己的言行，努力采用适合孩子的教育方式，千万不要让家庭教育成为滋生孩子叛逆的温床。

这些教育方式更容易让孩子走向叛逆

1　父母双方教育不统一，奉行"一个唱红脸，一个唱白脸"；

2　规矩随时变，权利时给时收；

3　家长过于溺爱孩子；

4　教育方式过于简单粗暴；

5　"严于律人，宽以待己"的教育方式。

第四节 外界诱惑与内在压力相对抗，让孩子走向了叛逆

麦麦是一名初三学生，自从升入初三后，他感觉学习压力越来越大。周围不少同学上网打游戏，在同学的影响下，麦麦也慢慢上网打起游戏来，他感觉这样做在一定程度上可以减缓学习压力，自己会更舒服一些。

一段时间过去后，麦麦的自控力输给了网络游戏，他已经游戏成瘾，一天不玩游戏心里都会觉得没着没落。面对即将到来的升学考试，麦麦力不从心，根本无从应对，此时他的内心既压抑又纠结，这种心理让麦麦在父母和老师面前变得越来越叛逆，父母对此干着急没办法。

青春期的孩子面临学业或者升学压力，而他们生活在这个信息格外发达的时代，不可避免地会受到大众传播与社会文化的影响，内在的学业压力和外在的形形色色的诱惑相对抗，很容易让孩子走向叛逆。

1. 大众传媒的诱惑

对孩子来说，动画、漫画、影视剧、广告、游戏，甚至网络弹窗都对他们有着极大的吸引力。

一些不良媒体和网站为了引起孩子的注意而发布大量色情、暴力等不良信息。更有甚者,会将上述不良信息悄悄隐藏在动画、电影和游戏中,让孩子不知不觉地沉迷其中。

为了避免孩子出现叛逆行为,家长一定不要忽视大众传播与社会文化所带来的潜移默化的影响。我们要重视孩子的成长环境,这样孩子才能更加健康地成长。

那么,除了大众传媒外,还有哪些外界诱惑可能会让孩子走向叛逆呢?

2. 虚拟世界的诱惑

虚拟世界包括游戏、小说、漫画等。爱玩是孩子的天性,面对铺天盖地的角色扮演类游戏、养成类游戏、冒险类游戏、言情小说、悬疑小说、热血漫画……成年人都未必不动心,何况是青春期的孩子!

处于青春期的孩子要面对升学压力、家庭压力,当他们无法承受这些压力时,便很容易走向虚拟世界,以此来逃避现实压力。被虚拟世界诱惑后,孩子很容易深陷其中,进而做出"偷钱给主播打赏"等行为。

3. 早恋的诱惑

步入青春期后,孩子会对异性产生朦朦胧胧的好感,也会对异性产生好奇。看到身边同学的早恋行为,孩子也会对早恋产生憧憬,最后抵制不住诱惑,成为其中的一员。

孩子对异性有好感,这本无错,但青春期的孩子思想尚不成熟,他们很容易因为谈恋爱而做出"逃课""离家出走"等叛逆行为。

总之,青春期孩子面对的诱惑多种多样,家长想要切断诱惑的源头是不现实的。面对这些诱惑以及由此诱发的叛逆行为，简单粗暴地回应肯定不行，这样做非但解决不了问题，而且可能会导致更加严重的叛逆行为。

　　每一个孩子都是一个独立的个体，都有各自的性格及成长特点，面对叛逆，家长应该冷静下来，结合孩子的成长特点选择一个合适的"入口"走进孩子的内心，在此基础上"唤醒"孩子。倘若实在没有解决的办法，不妨静静地陪在孩子身边，给他默默的支持和理解，相信终有一天，孩子的心会被温暖、融化，孩子也会随之慢慢"苏醒"过来。

育子秘籍

外界诱惑与内在压力相对抗，让孩子走向了叛逆

1 大众传媒的诱惑；
2 虚拟世界的诱惑；
3 早恋的诱惑。

第二章

理解孩子，让叛逆离孩子越来越远

第一节　站在孩子角度看问题，才能真正理解孩子

"洛洛是奥数冠军，淇淇的作文拿了全市一等奖。妈妈不要求你像他们一样优秀，但起码你要多用点心吧！"琳琳妈妈连珠炮似地批评道。

琳琳有些委屈地说道："妈妈，我这次的数学考试，比上次提高了7分，名次也比上次提高了两名，您怎么能说我不用心呢？"

"提高两名你就满足了，"妈妈恨铁不成钢地说道，"你什么时候考进全班前五，什么时候再说自己用心了吧！我说琳琳，你一定要努力学习啊！别像妈妈一样，高中刚毕业就出来上班，现在这么辛苦才赚一点点钱。你说，考这个分数，你对得起妈妈吗？"

琳琳不吭声了，妈妈继续唠叨道："你说这些题有什么难的？人家都能做对，你怎么就做不对？老师上课只给他们上，没给你上吗？你这孩子怎么回事啊？我一跟你说话你就不吱声，你沉着脸给谁看呢？"

无论是在日常生活中还是在学习中，很多家长都喜欢把"这件事有什么难的"挂在嘴边。琳琳虽然取得了进步，但妈妈仍然选择了批评女儿。为什么？因为她觉得琳琳的试卷题目很简单，所以琳琳应该考一个更高

的分数才对。

理解孩子，你需要用孩子的认知水平和思维模式来看问题

案例中，琳琳妈妈忽略了很重要的一点，那就是孩子与成人的认知水平是不同的，不同年级孩子的认知水平也是不同的。就拿"一元一次方程"来说，在初中生看来，"一元一次方程"很简单，因为他们的思维能力比小学生要高很多，而且他们已经学会了更难的方程式。可对于小学低年级的孩子来说，"一元一次方程"就如同天书。

可是，作为家长，我们很少站在孩子的角度看问题。

很多家长不理解，为什么孩子连"11+19=30"这么简单的题目都会答错。可换个角度看，当我们尚未接触微积分的时候，不也觉得微积分很难吗？如果在毫无基础的情况下学习微积分，我们也会不可避免地出现满篇错题。可是，为什么类似的事情放在孩子身上，我们却不能理解他们呢？

有的家长可能会说："我对孩子要求高，是因为我不想让他步我的后尘。"就像例子中的琳琳妈妈，她对琳琳要求很高，因为她不想琳琳像自己一样，可是，她却忽略了一点——琳琳是孩子，不是产品，她需要循序渐进的进步，而不是快速地换代升级。我们无法让孩子"一口吃成一个胖子"，所以，珍视孩子的每次进步，鼓励孩子的每次进步，这样才能帮助孩子变得更加优秀。

例子中，琳琳在受到妈妈不公正的批评后，用一种"沉默"的方式来表达自己的不满。现实生活中，很多孩子都会使用这种方式来消极抵抗，时间长了，孩子便可能会一步步走向叛逆。

一向懂事的小柳跟隔壁班同学打了一架。小柳爸爸很生气，来到学校后，小柳爸爸不分青红皂白地骂了小柳一顿。小柳忍不住说道："是他们先……"

　　可还未等小柳说完，小柳爸爸就粗暴地打断了他："你给我闭嘴！学人家打架还有理了是吧？我是不是管不了你了？一天到晚给我惹祸，你今天跟人家打架，明天就要去抢劫，后天就该坐牢了！"

　　小柳委屈地说道："你能先听我说两句吗？这根本不是我的错！"

　　"你还敢顶嘴？今天我非收拾你一顿不可！"小柳爸爸举起巴掌作势要打，老师赶紧跑过来拉住了小柳爸爸，说道："哎呀，小柳爸爸，是隔壁班那个同学欺负我们班上的一个女生，小柳看不过去才跟他打了起来的。这种打架的行为我们虽然不提倡，但孩子的出发点是好的，您别这么生气。"

　　小柳爸爸愣了一下，随即推了儿子一把，低声说道："你这孩子，怎么不早说？"

　　像小柳爸爸这样的家长其实是很常见的，在孩子的成长过程中，他们往往会用自己的思维来对孩子做出"预判"。小柳爸爸觉得，小柳跟别人打架肯定是小柳的错，于是不分青红皂白就骂了小柳一顿，甚至没给小柳解释的机会，这其实就是一种不会站在孩子角度思考问题的表现。

理解孩子，你需要信任孩子，让孩子把话说完

　　就拿小柳来说，当他有解释的欲望时，小柳爸爸应该让他把话说完。不管是借口也好，是事实也罢，它们最终都能被查明。可如果小柳爸爸不信任孩子，不让孩子开口，那孩子也会变得不信任父母，以后什么都不会讲给父母听了。

信任对亲子关系的维系意义深远，父母不要随意"消费"甚至"透支"孩子对自己的信任。现实中，很多父母不愿意相信自己的孩子，他们习惯用成人的思维来推断事情，但或许孩子说"我忘了有这项作业"是真的；或许孩子说"我没有动手打人"是真的；或者孩子说"老师不喜欢我，所以我不想上学"也是真的。一次、两次、三次……当家长多次选择不信任孩子之后，孩子关闭了心门，同时，他们也越来越不信任父母，觉得父母根本帮不了自己。为了适应这个世界，孩子只能自己探索解决问题的办法。可是，他们的能力与眼界很多时候都无法应对问题，为了让自己"好过一点"，各种叛逆行为便出现了。

当出现问题时，家长应该相信孩子，让孩子把话说完，在此基础上引导孩子去分析问题、解决问题，从而让他更好地融入这个社会，实现成长的软着陆。

理解孩子，你需要鼓励孩子说出自己的想法

很多孩子会采用沉默方式来进行消极抵抗，对此，家长反而会更加生气。因为孩子不做出反馈，家长就不知道孩子究竟听进去了没有，这种"拳头打在棉花上"的感觉会让家长越来越火大。可站在孩子的角度看，我们就不难理解他们为何做出消极抵抗的叛逆行为了。

首先，在孩子看来，自己是弱势的一方，家长是强势的一方。如果合理的辩解和正面反抗都没用，那其他方法就更没用了。为了表达自己的不满，孩子最终只能通过沉默的方式来进行消极抵抗。

其次，在孩子看来，自己与家长沟通根本就没用。例子中，琳琳最初是尝试跟妈妈进行沟通的，可是妈妈非但不听，还变本加厉地唠叨。琳琳觉得说什么也没用，还不如不说。

最后，在孩子看来，自己开口说话反而会被家长责骂，为了"少受点罪"，还是不说为妙。比如例子中的小柳，即便他把事实说出来，小柳爸爸也可能会觉得儿子是在撒谎，进而更加严厉地教训小柳。

可见，孩子不愿与家长沟通，其主要原因还是在家长身上。

那么，家长如何做，孩子才会慢慢向我们敞开心扉呢？我们需要遵循"两多一少"原则，即多倾听、多一点耐心、少发脾气。

当孩子有欲望跟父母沟通时，父母应当拿出耐心，听听孩子究竟想说些什么。比如例子中的小柳，就算小柳爸爸认定他有错，也要给小柳一个为自己申辩的机会，同时告诉孩子："你说的是真的吗？我会向老师和同学问明情况，爸爸也希望你的出发点是好的。"

当孩子已经失去跟父母沟通的欲望时，父母更应该积极引导孩子，让孩子说出他们的心里话。比如有些孩子已经对父母失去了信任，此时，父母应该拿出耐心，寻找孩子不愿说话的原因，然后告诉孩子："对不起，是爸爸妈妈不好，之前不够耐心，没有听你说话。希望你再相信爸爸妈妈一次，给我们一个机会，让我们弥补自己的过失。"

在孩子成长过程中，家长要努力站在孩子角度看问题，用孩子的眼光看世界，这样才更能理解孩子，从而引导孩子更好地成长。

理解信任孩子，积极架起沟通的桥梁

1 你需要尊重信任孩子，让孩子把话说完；
2 你需要鼓励孩子说出自己的想法。

第二节 客观认识"代沟"，积极架起亲子间相互理解的桥梁

周五放学回家，安安和爸爸妈妈坐在餐桌前准备吃晚饭，就在一家人其乐融融准备动筷之际，安安妈妈突然严肃地问道："安安！你指甲上的东西是怎么回事？"

安安吓了一跳，连忙朝自己指甲上看去——噢，原来是同桌琪琪给自己涂的指甲油！安安笑着对妈妈说道："妈妈你看，我涂指甲油好看吗？"

妈妈当即拍桌子道："谁给你涂的？小小年纪不学好，就知道臭美，你现在这个岁数，是该涂指甲油的时候吗？我跟爸爸送你去上学，就是为了让你去涂指甲油的？"

安安被妈妈发火的样子吓了一跳："妈！我都 14 了，涂个指甲油有啥大不了的，我同学还有打耳洞的呢！"

爸爸"啪"一下把筷子拍在桌上："胡说什么呢，你刚初二，正是初中向高中过渡的关键时期，谁给你涂的指甲油，以后少跟她来往！"

客观来讲，爱美本没有错，孩子涂指甲油是一种爱美的表现，但出于成长的考虑，很多家长认为涂指甲油会影响孩子的学习，涂指甲油就是不务正业。比如安安涂指甲油的问题，在安安看来，自己只是因为指甲油漂亮才让同桌涂的，爸爸妈妈这样的反应简直是小题大做；可在爸爸妈妈看来，安安涂指甲油便是一种讯号——孩子在外面交到不好好学习的朋友了。

父母与孩子两代人之所以会对同一件事产生不同看法，很多时候与两代人的成长环境有关。成长环境不同，两代人的思想、价值观、行为方式、生活态度等方面便会不同，在特定情况下，两代人甚至会因为理念的不同而爆发冲突，这也就是我们常说的"代沟"。

很多"80后"家长都觉得自己与孩子交流无困难，所以"代沟"并不存在，但事实上，"代沟"存在于每段亲子关系中，这是因为不同年代的人，其世界观、人生观以及对生活状态的满足感都是有差异的，即便家长再开明，也不可避免地会出现不理解孩子的情况。

当父母与孩子之间因为"代沟"而爆发冲突时，作为家长，我们可以从以下几方面进行反思。

首先，从家庭地位看，父母处于主导地位，与子女相差二十多岁的现实，让大部分父母都习惯性地以"一家之主"自居。一家之主是需要"面子"来维系的，当子女触碰到家长的面子时，家长就会无意识地采取办法让子女顺从自己。可是，子女从小对家长产生的崇拜与依恋，迟早会因为孩子独立意识的增强而减弱。当子女的个性大于对父母的依恋与顺从后，矛盾便爆发了。所以，在父母与子女出现意见分歧时，我们不妨想一想，孩子的问题真的很严重吗？真的有必要让孩子按照父母的要求生活吗？

其次，从思想局限性上看，父母的教育方式未必是最好的。很多家长不可避免地受到老套思想的影响，他们对教育不加思考，盲目延用之前的方法去教育新一代的子女，最终导致了更加严重的问题。

最后，从人生阅历上看，家长在自我成长中总结了很多"经验教训"，但这些"经验教训"并不一定适合孩子。比如安安的爸爸妈妈，他们可能因为自己或周边人因"爱美"而影响了学习，所以才会对安安涂指甲油的行为格外敏感。但细细想下，爱美本没有错，安安因为爱美而涂指甲油，这一行为应该被父母所理解，只是对于在学校涂指甲油可能带来的影响，以及涂指甲油可能对学习带来的影响，这两方面父母应该给予安安必要的提示。相反，如果安安爸爸妈妈对孩子"涂指甲油"这件事只是简单粗暴地训斥，那么反而容易造成安安的不理解，最终使孩子走向叛逆。

父母与孩子因为代沟而产生意见分歧，这很正常。面对分歧，我们是选择用爱来包容和理解孩子，还是用简单粗暴的方式直接否定，这完全取决于父母。作为父母，我们应该努力为孩子营造一个和谐有爱的家庭氛围。家庭氛围和谐时，孩子的叛逆问题就会大幅度减少，同时这对孩子的性格培养也大有裨益。

解决代沟问题最好的方法就是沟通，沟通是亲子间思想与感情输出与反馈的过程，也是彼此交换信息的过程。如果没有沟通，亲子间的关系就会呈现出冷漠、僵硬的状态，代沟问题也会越来越明显，最后，孩子便可能会通过各种叛逆行为来宣泄心中的不满。

说到沟通，很多家长都懂得如何与同龄人沟通，也懂得如何与长辈沟通，但提到与子女沟通，却让他们倍感苦恼。

沟通主要由"说话"与"倾听"两部分构成。在与孩子沟通时，"说话"既需要父母表达自己的观点，同时也需要对子女的观点做出反馈，而"倾听"则需要足够的耐心与包容力。那么父母应该如何与孩子沟通呢？

一、彼此接纳

亲子间沟通，最基本的一点就是家长要接纳孩子的观点。很多家长早在孩子说出想法的那一刻，就将其全盘否定了，这种行为会让孩子感到委屈，感到愤怒，感到无趣，久而久之，孩子就会条件反射地拒绝与家长沟通。所以，家长在与孩子交流之前，要先摒弃自己的偏见，这样才能真正弄清孩子的态度与观点，才能理解孩子观点中正确、合理的部分。

二、平等相处

家长要认识到，我们既可以从长辈那里学到经验，同样也可以从子女那里学到新知识和新观念，孩子也可以成为家长的老师，所以，家长不要摆出高高在上的样子，要真正学会与孩子平等相处。

三、非暴力解决方法

当家长与孩子因意见不同而出现分歧时，一部分家长会粗暴地打断孩子，并强制要求孩子"听话"，这样做非但解决不了问题，而且很可能会让孩子走向叛逆。在与孩子沟通时，家长应该尽量选择用非暴力的方式，"折中""并存""暂且搁置"等较为温和的方式都属于非暴力方式。

理解、接纳孩子，用非暴力的方式解决问题

1 "妈妈，你看我的指甲好看吗？"
  "小小年纪不学好，只有坏孩子才涂指甲油！"
2 "妈妈，你看我的指甲好看吗？"
  "挺好看的，但在学校不许涂，否则会分散注意力，影响学习。"

第三节　你眼中的"叛逆"，也许是孩子的自我意识在觉醒

"天气这么冷，你还不穿秋裤，非冻出关节炎不可！"奇奇出门前，妈妈捏了捏奇奇的校裤，发现他不知什么时候偷偷把秋裤脱掉了。

"哎呀，我不冷，我都快热死了，而且这条秋裤穿着鼓鼓囊囊的，丑死了。"奇奇咕哝道，可妈妈却仍然以命令的语气要求道："快去把秋裤换上！"为了上学不迟到，奇奇只好迅速换上秋裤，不情不愿地出了门。

晚上回家，妈妈做了奇奇爱吃的醋熘藕片，可奇奇却没什么胃口的样子。妈妈催了奇奇几次，奇奇还是在房间里磨磨蹭蹭不出来。妈妈以为奇奇还在为早上穿秋裤的事情赌气，于是便说道："赶紧出来吃饭，吃完去写作业！别磨磨叽叽的！"

谁知，奇奇却一反常态地反驳道："哎呀别催了，我不吃！"妈妈一听，立马生气地说道："你这孩子怎么回事！怎么这么任性不听话！是不是想挨揍了？"

奇奇不想穿秋裤，也许是他真的不冷，也许是他觉得穿秋裤不够美

观；奇奇不想吃饭，也许是他现在还不饿，也许是他在为早上的事情赌气。可在妈妈看来，奇奇这些行为都属于叛逆行为，都是任性、不听话、不服管教的表现。

事实上，奇奇不想穿秋裤、不愿意吃饭的行为很可能与孩子自我意识的发展有关。奇奇的自我意识越来越强烈，他开始有了自己的想法，也开始将个性付诸行动。

那么，孩子的自我意识究竟是从什么时候开始的呢？孩子的自我意识在各个成长阶段又有什么特点？我们一起来看一下。

阶段一，孩子自我意识的出现（0～21个月）

为了探究人类自我意识的形成，心理学家曾做过这样的试验：在孩子熟睡时，工作人员在孩子的鼻子上涂抹颜色，孩子醒来后，工作人员让孩子观察镜子中的自己。结果发现，有些孩子在15个月时，就能发现自己的鼻子被涂抹了颜色，并用手触摸自己涂抹了颜色的鼻子，而有些孩子，则在21个月时才会出现这种行为。也就是说，人类的自我意识大约在一岁半出现。

阶段二，孩子自我意识的形成（24～36个月）

两岁之后，孩子逐渐懂得"你""我""他""爸爸""妈妈"等人称代词的含义，也能区分物主代词"我的"及人称代词"我"的区别，自此，孩子的自我意识正式形成。我们在生活中常听见家长笑着吐槽两三岁的孩子"人小鬼大""不如小时候听话""爱闹"，这些评价都在一定程度上印证了孩子自我意识的形成。两三岁的孩子开始有自己的主张，当大人提出一些要求时，孩子会用"我不要……""我想要……"等话应对，这是孩子思想与性格不断独立的表现。

阶段三，孩子自我意识的探索（3～6岁）

3～6岁时，孩子的自我意识开始不断扩张，这一时期孩子对自我意识的探索将对以后的学习、生活产生重大影响。所以，家长要在这一时期正确培养孩子的自我意识，引导孩子正确认识自己。

3～6岁的孩子大多以自我为中心，但很多时候，他们却无法清晰地定位自己。这一时期，周围人尤其是父母对孩子的评价，会让孩子形成虚假的自我认知。比如过分的夸赞与过分的苛责，都会让孩子产生错误的自我定位，久而久之，孩子的自我思考和判断能力会受到严重影响，进而影响自我意识的发展。

这一时期，孩子会不可避免地出现各种错误。当孩子出现错误时，父母要帮助孩子正视自己的错误，并引导孩子改正。当孩子逐渐学会正视自己时，就会更加积极地成长。此外，家长还要多鼓励孩子参加各种活动，与其他小朋友交流、玩耍。孩子会在与同龄人玩耍的过程中发现自己的优点与缺点，也会发现自己的不同之处。

阶段四，孩子自我意识的增强（6～9岁）

如果说3～6岁的孩子能够粗浅地定位自己，那么6～9岁的孩子则能够初步地评价自己。经研究表明，4岁孩子就已经具备评价自己的能力了，但他们还做不到正确评价，孩子的自我评价能力是在6岁之后逐渐完善的。所以，父母在这一阶段需要为孩子创造自我评价的情境。

前面提到，孩子自我评价的能力最初是根据他人的评价形成的，所以，父母对孩子的评价要在中肯的基础上略微提高一些，这样既能帮助孩子进步，也能培养孩子的自信心。

阶段五，孩子自我意识的发展（9岁之后）

小学是培养孩子自我意识的黄金时期，随着年龄增长，孩子的自我意识不断发展，到了9岁左右，孩子的自我意识就会普遍觉醒。在自我意识觉醒后，孩子会主动进行思考，这种变化是悄然发生的。孩子自我意识的发展大多会以"叛逆"的方式表现出来，如果家长不能加以识别，就会与孩子渐行渐远。

那么，当孩子处于自我意识觉醒时期时，家长应该如何陪伴孩子呢？

首先，家长要尊重孩子，不要将自己的意识强加于孩子。

人无完人，每个人都是一个独立的个体。家长要认识到，孩子不可能是完美无缺的，也不是家长的附属品。随着孩子慢慢长大，他的独立意识也越来越强。他会有自己的愿望和理想，当出现问题时，他也会有自己的思考。在陪伴孩子成长过程中，很多家长觉得自己是大人，经历得多，见多识广，所以会有意无意地替孩子做决定。但人的成长是复杂的，每个人的感受、能力、意愿等都是不一样的，所以家长的想法或者决定并不一定适用于孩子。除此之外，成长是自己的事，孩子始终要自己尝试着去解决问题，并在失败中不断去总结经验，这才是真正的成长，所以，家长不要将自己的意志、思想强加在孩子身上，更不要强行为孩子安排好一切。

比如案例中的奇奇，孩子有自己的冷暖感受，也有自己的食物喜好，家长没必要将自己的感受强加于孩子。还有些家长，自己有一个当钢琴家的梦想，于是逼着孩子学钢琴，想让孩子完成自己的梦想，也不管孩子内心的想法如何，这样做不仅可能会让孩子迷失自己，严重的还可能会让孩子走向叛逆。孩子是一个独立的个体，他们有自己的思想，也有自己的梦想。如果家长不断将自己的意识强加给孩子，孩子的抵触心理就会越来越严重，而这种强烈的抵触行为也就是家长眼中的叛逆了。

其次，家长要改变说话方式，尝试用平等的语气与孩子说话。

很多父母都喜欢用命令的口吻与孩子交流，也许他们本人并未意识到自己的语气，但孩子却会敏锐地捕捉到"爸妈在命令我"的信息。

我们可以用手机或录音笔，在对方不知情的情况下，录下配偶与孩子的对话，通过回听感受沟通时的语气，这样更能客观地反映自己在与孩子沟通时是否平等。

最后，家长要尽量避免在自己有情绪或情绪不稳定的状态下与孩子沟通。

不少家长都会戴着有色眼镜看待孩子的叛逆问题，尤其是在自己心烦、愤怒、悲伤的时候，更是对孩子的一些行为看不过去。作为家长，我们要特别注意自己的情绪，切勿在有情绪的时候对孩子做出过分的举动，这样做既不利于看清叛逆行为背后孩子的真实需求，也会影响亲子感情。

孩子的自我意识在不同成长阶段呈现不同的特点

这是我的。

1 孩子自我意识的出现（0 ~ 21 个月）；
2 孩子自我意识的形成（24 ~ 36 个月）；
3 孩子自我意识的探索（3 ~ 6 岁）；
4 孩子自我意识的增强（6 ~ 9 岁）；
5 孩子自我意识的发展（9 岁之后）。

育子秘籍

第四节　和家长对着干，可能是因为孩子内心诉求没有得到满足

今年升高二的小婕一向乖巧听话，可最近，她总是跟父母对着干，父母让她往东，她偏要往西。

中午吃饭的时候，妈妈给小婕夹了一块鸡胸肉，想让她多补充点蛋白质，谁知，小婕立刻把鸡胸肉夹了出去，还发出了一声冷哼。

妈妈很生气，忍不住说道："你抽什么风！不想吃就别吃！"

没想到，小婕直接把手里的筷子扔在桌上，转身回了房间，还"啪"的一声把房门摔上了，气得妈妈直掉眼泪。

过了一会儿，妈妈推开女儿房门，打算跟小婕好好聊聊，可是，她意外地发现，小婕竟然也在默默哭泣。在妈妈的再三询问下，小婕终于说出了原因。

原来，小婕的班级正流行手账本，小婕也买了一本。可是，妈妈却觉得手账本这种东西花里胡哨的，对学习一点帮助都没有。所以，她就擅自做主，把小婕的手账本给了同事家女儿。事后，小婕跟妈妈表达了不满，可妈妈却满不在乎，还觉得小婕小题大做，这让小婕非常委屈。

于是，她才会故意跟妈妈对着干，目的是想让妈妈明白自己受了委屈。

很多家长都会碰到这样莫名其妙的情况。有时候，一件很小的事情都能成为孩子情绪的导火索。就像小婕妈妈，她根本想不到，一个小小的手账本，就能让乖巧的小婕变成了叛逆少女。可事实上，小婕并不是因为妈妈把手账本送人才委屈，她是因为妈妈擅自把自己的东西拿走送人，之后又表现得满不在乎，所以才非常委屈。

1. 对于孩子的内心诉求，家长要尊重和理解

小婕想要一个说法，想要一个道歉，但妈妈没有给，所以小婕才会用叛逆的行为来宣泄内心的不满，目的就是让妈妈明白自己的内心感受。

孩子的思维方式与成年人不同，虽然他们的思维很跳跃，想象力也很丰富，但他们却很少采用曲线思考。当他们的内心诉求长时间没有获得满足时，就会采用原始粗暴的方式，如大哭、打闹、摔东西等来宣泄内心的不满。

当家长看到孩子叛逆的表象后，大多会产生"孩子叛逆期到了""孩子无理取闹"的想法，这在一定程度上影响了孩子与家长间的感情，同时也不利于孩子不良情绪的排解。

小婕的妈妈愿意了解女儿的情绪，小婕也很清楚自己不开心的原因，所以，他们之间的问题应该能够顺利解决。可是，有些孩子在觉得委屈后，却无法准确地说出自己不开心的原因，也无法完整地表达出自己的诉求，只会用叛逆行为来表达自己的不满，这时，家长便很容易失去耐心，有时甚至会用粗暴的手段阻止孩子的叛逆行为。久而久之，孩子的不良情

绪就会越积越多，叛逆行为也会越来越严重。

那么，当孩子与家长对着干时，家长该怎么办呢？

首先，家长要耐心倾听，努力了解孩子的实际需求。

耐心倾听与引导是帮助孩子打开心门、理清思路的好方法。家长通过倾听可以了解到孩子的实际需求，对于孩子的需求，家长要表示理解与尊重。

其次，家长要安抚孩子的情绪。

为了安抚小婕，小婕妈妈用了满不在乎的方式，告诉小婕"你不要小题大做"。小婕妈妈的目的是让小婕平复下来，不要再纠结手账本的事。可这种语气不但起不到安抚作用，反而会让孩子觉得家长看不起自己，不理解自己，那么，孩子便很可能因为羞愧和愤怒而加重自己的叛逆行为。

最后，家长要尽量满足孩子的内心诉求。

就拿小婕来说，她的内心诉求是妈妈能尊重自己，能给自己一个满意的答复，但是小婕妈妈却未能满足女儿。小婕的委屈随着时间的流逝越积越多，为了表达自己的不满，她最终选择了对妈妈实施冷暴力。其实，想要解决小婕的问题并不难，关键在于妈妈要认识到自己的问题，并及时向小婕道歉，这样一来，小婕就会感到自己获得了尊重，她的叛逆行为也就随之消失了。

2. 努力为孩子带去成功体验，可以让孩子内心的满足感大大提升

孩子的成长是需要成功体验的，对孩子来说，关注、称赞、兴趣培养、抗挫能力都是至关重要的成功因素。家长若能为孩子带去成功体验，这样更有助于孩子健康成长。可是，令人惋惜的是，随着孩子年龄的增长，很多家长越来越看不到孩子的进步与成功，因为他们对孩子的要求越来越高，而对于孩子的一些小进步，家长很容易将其忽略掉。

事实上，很多家长都不明白成功的定义是什么。在讲述成功之前，我们要先明白这样一个前提——成功是分阶段的，而不是一蹴而就的。举个例子，孩子的目标是考上重点大学，那么，成功并非单指考上大学这件事，而是指孩子为了考上重点大学所做的一系列努力。孩子在小事或小考上取得好成绩，也可以算作成功的一步。

何况，不同年龄段的人，对成功的体验和感受也是不同的。

对成年人来说，事业有成、爱情美满、家庭幸福，这些都可算作成功，可对成长期的孩子来说，上述成功体验就不完全适用了。

对 3 个月大的宝宝来说，能靠自己翻身就是很大的成功；对 6 个月大的宝宝来说，能好好地坐在床上就是很大的成功；对 8 个月大的宝宝来说，能爬到自己想去的地方就算很大的成功；对牙牙学语的孩子来说，能发出"爸爸""妈妈"的音就算很大的成功；对幼儿园的孩子来说，能自己穿衣服、系鞋带就是很大的成功；对小学的孩子来说，能按时起床、自觉学习、考试能一点一点超越自己就是很大的成功……

作为家长，我们既要对孩子的成功给予关注，也要对孩子的每次进步表示赞许。或许，一些在家长看来微不足道的小事，对孩子来说则是令人激动的大事。

了解孩子的内心诉求，满足孩子的合理诉求，为孩子带去成功的体验，这样孩子才会更加阳光自信，同时也会离叛逆越来越远。

和家长对着干，可能是孩子的内心诉求没有得到满足

1 对于孩子的内心诉求，家长要尊重和理解；
2 努力为孩子带去成功的体验，不断提升孩子的满足感。

第三章

家长首要原则：
超越权利之争，实现非暴力沟通

第一节　高质量陪伴是有效沟通的前提

　　周末到了，妈妈决定在家陪陪淘淘，可是，淘淘并不买账，因为从过去的 15 年看，即便妈妈在家，也不过是玩玩手机、刷刷剧，根本算不上什么陪伴。

　　到了中午，淘淘跟朋友约了出去吃饭，于是背包准备出门。这时候，妈妈突然喊道："你要上哪儿去？"淘淘说道："我跟朋友约了吃饭，顺便去图书馆看看书。"

　　妈妈一拍桌子："淘淘，你不觉得你过分了吗？我周末特意在家陪你，而且外卖都订了双人份，你一声不响地就跟同学出去吃？你考虑过妈妈的感受吗？"

　　淘淘冷笑一声："我让你陪我了吗？再说，你躺着玩了一上午手机，这叫'陪我'吗？"说完，淘淘开门就要出去。妈妈一把抓住淘淘的背包，把他拉了回来："等一会儿！我话还没说完呢！不许走！"

　　"少管我！"淘淘不耐烦地推了妈妈一把，抢过包就跑了出去。

　　例子中，淘淘的行为固然令人伤心，但我们却不难发现，促使淘淘做出叛逆行为的根本原因是妈妈低质量的陪伴。

在陪伴这件事上，很多父母完成得都不太理想。如今，大部分父母都深谙"陪伴是对孩子最好的教育"，这一理念也被很多家长当成了教育孩子的座右铭。于是，家长挤出大量时间和孩子"待"在一起。乍一看，这些家长确实为孩子的身心健康做了努力，但和孩子一起"待"着真能与"陪伴"孩子划等号吗？答案是否定的。

在淘淘妈妈看来，只要自己待在家里，就等同于陪了孩子。可在淘淘看来，妈妈不过是自己玩自己的，根本不在意自己。事实上，陪伴问题也是亲子间的沟通问题。妈妈之前并没有告诉淘淘，"我是为了你才留在家里没出门的"；而淘淘也觉得，"即便我不说跟同学出去吃饭，妈妈也不会在乎，反正她只在乎自己，不在乎陪不陪我，更不在乎我陪不陪她"。

其实，高质量的陪伴不是时间的堆积，也不是待在同一个空间里。高质量陪伴既需要关注孩子的行为与需求，同时也需要关注自己的言行，注意自己言行对孩子的影响。换句话说，高质量陪伴就是积极关注孩子的想法，同时与孩子进行有效的亲子沟通。

孩子的感知能力是很强的，但是，他们的解读能力却很弱。当妈妈待在家里时，他们会觉得"妈妈只是想待在家里休息"，而不会觉得"妈妈是为了我才待在家里"。所以，家长需要及时跟孩子沟通，让彼此了解对方的真实想法，这样才能增进亲子关系，为未来可能会出现的叛逆问题奠定沟通基础。

那么，家长如何高质量陪伴孩子，特别是青春期的孩子呢？

首先，家长在陪伴时要尊重孩子，不伤害孩子的自尊心。

陪伴孩子时，大部分家长都希望孩子能听话，这样就能让自己"省点事儿"。于是，在陪伴孩子时，家长会不自觉地使用强硬的措辞来与孩子交流，比如"你要……""你应该……""你不能……"。这些命令会让孩子觉得压抑，也会让孩子觉得"在这件事上，爸妈根本没给我商量的余地"，久而久之，孩子就会失去跟父母沟通的兴趣了。除了命令的口吻外，家长责备、辱骂孩子也会引起孩子的反感，甚至会让孩子对家长产生敌意，如此一来既失去了陪伴的意义，也会让孩子以后都"懒得跟父母说话"。

事实上，尊重孩子是高质量陪伴必不可少的一部分。比如当孩子想聊动画片时，家长虽然对动画片没兴趣，但还是会尊重孩子，跟孩子讨论讨论剧情，引导孩子复述动画片内容等，这就属于高质量陪伴。如果家长只是嗤之以鼻地说句"幼稚"，然后继续玩自己的手机，那么孩子便感受不到家长的尊重，因此也失去了陪伴的意义。

其次，家长要拿出足够的耐心与孩子沟通，不要用不耐烦的态度对待孩子。

在陪伴孩子的过程中，很可能会出现这样的情况：同一件事家长讲了很多次，可孩子仍然当耳旁风；或者孩子做错了某件事，而且反复做错这件事。这些情况下，家长往往会失去耐心，以"不耐烦""拔高嗓门"等错误方式对待孩子。

家长之所以对孩子缺乏耐心，是因为他们通常会站在成年人的角度看问题，他们会对孩子的很多行为表示不理解，甚至会觉得毫无意义。

他们希望孩子快点成熟起来，少做"无用功"，但是这种急躁的态度非但解决不了问题，反而会影响亲子关系，同时也会为未来的沟通埋下隐患。

当孩子不听家长的话，或反复出现错误时，家长不妨拿出耐心，认真严肃地跟孩子谈一谈。当家长拿出耐心后，相信孩子也会有所改变。

最后，家长要用心陪伴，用心沟通，不要想着敷衍孩子。

用心陪伴，意味着家长要真正重视陪伴这件事。陪伴并不是一件容易的事，就像我们前面提到的，如果家长和孩子只是各忙各的，那陪伴也就失去了原本的意义。

家长可以跟孩子聊聊最近发生的事情，比如学习和生活中的趣事，也可以就某些问题与孩子展开深入讨论，用心陪伴孩子不仅有助于孩子的心理成长，而且能够提升孩子应对问题的能力，对孩子的成长很有意义。

总之，高质量陪伴是有效沟通的前提，千万不要因为错误的陪伴方式影响亲子关系。相信在家长的用心陪伴下，每个孩子都能顺利度过青春期！

如何高质量陪伴孩子

1 高质量陪伴不是时间的堆积，也不是生硬地待在同一个空间里，而是心与心之间的交流；

2 家长要尊重并用心陪伴孩子。

第二节　有效沟通，从不再强迫孩子开始

不知从什么时候开始，小雪在妈妈眼中成了一个叛逆的孩子。

妈妈让小雪往东，她偏要往西；

妈妈让她坐公交上学，她偏要骑车去；

妈妈想让她在本市读大学，她非要去外市……

想到小雪叛逆的样子，妈妈真是头痛不已。

一天，小雪正准备去学校，妈妈突然蹲下，把小雪的裤腿挽了起来，然后气呼呼地说道："你这孩子是不是傻呀？这么冷的天，你就光穿条秋裤上学！"

"哎呀我不冷！"小雪用力挣脱妈妈，刚要出门，妈妈已经拿了棉裤出来，"快！换上再走！要不别去上学！"

"哎呀你烦不烦啊，我说不冷就不冷！"小雪把棉裤扔在地上，头也不回地出门了。

随着年龄的增长，很多孩子会一改小时候乖巧听话的样子，开始变得喜欢挑战家长的权威与耐心，家长让他们做什么，他们偏偏不去做。

当家长教育他们时，他们要么表现得很冷漠，要么以极端情绪回应父母。

面对孩子的叛逆行为，很多家长都觉得"忍一忍，等孩子叛逆期过了就好了"，然后依旧我行我素，按照曾经的方式与孩子相处。事实上，家长这样做既是对孩子成长的忽视，也是对孩子叛逆问题的逃避。

强势的家长更容易让孩子走向叛逆，他们通常会有掌控孩子的倾向，喜欢让孩子按照自己的想法成长。当孩子表现出"脱离掌控"的苗头时，他们往往会表现得很强势，比如不依不饶地让孩子认错，或者对孩子动粗，以便孩子重新回到自己的控制范围。可结果如何呢？这样做非但解决不了问题，反而会让孩子更加叛逆。面对父母的强势，有的孩子甚至会用"离家出走"等方式来逃离。

孩子的心就像指缝中的流沙，家长越想握紧，反而会流失得越快。其实，孩子的心并不难靠近，因为他们对父母有着天生的亲近感，只是在成长过程中，家长无意识地将孩子的心推远了。那么如何重新赢回孩子的心呢？

1. 尊重孩子，孩子才更愿意打开心门与家长沟通

（1）尊重孩子，就要尊重孩子的自主权

例子中，小雪妈妈认为小雪不穿棉裤会被冻坏，所以非要小雪套上棉裤才可以出门，可事实上，她却忽略了孩子的需求和实际感受。孩子是一个独立的个体，不管是爱美也好，真的不冷也罢，作为自己身体的主人，她有自我选择的权利。

不穿棉裤是小雪自己的选择，也是她的尝试。当小雪选择不穿棉裤时，妈妈只需要提出自己的建议，"今天特别冷，我建议你还是穿上棉裤。"

如果小雪决定不采纳妈妈的建议，妈妈也无须强硬干涉，当孩子通过尝试确实明白"不穿棉裤会非常冷"的时候，她自然会主动穿上并注意保暖，这也是孩子通过自我尝试学着照顾自己的过程，这才是真正的成长。

（2）尊重孩子，就要尊重孩子的隐私权

还是来看小雪的例子，小雪从小冰雪聪明，长相可人，学习成绩也不错。孩子上初中了，最近几日总是晚回家十几分钟，说是在学校有点事，妈妈担心孩子早恋不好好学习，于是，每天放学都躲到学校门口的大槐树后面偷偷看孩子到底和谁在一起。有一天，妈妈多日的侦查终于有了突破，孩子跟一名男孩一起出了校门。见此情景，妈妈控制不住自己的冲动，不假思索地跑过去质问孩子，不管周围还有很多的老师和同学。小雪红着脸低下了头，不知该如何面对。

我们都知道隐私对于一个成人的重要性，它对孩子来说同样重要。很多家长都希望孩子是"水晶人"，能让他们看得清清楚楚，没有一点秘密，仿佛只有这样，他们才能更好地保护孩子，因此，相比成人，孩子的隐私很难得到保护。事实上，随着孩子慢慢长大，他们有了更多的自主意识，而且自尊心也愈发强烈，他们需要自己去体验，去成长。此时，父母要尊重孩子，把握原则性问题，比如安全问题，多提醒孩子，告诉孩子爸爸妈妈是你永远的坚强后盾，遇到任何问题都不要怕，有爸爸妈妈在。长此以往，孩子得到了父母的尊重，并且亲子关系也更加紧密了，这也为孩子的成长提供了保证。

除了小雪妈妈的行为外，翻看孩子的日记也属于侵犯孩子隐私的行为。孩子是独立的个体，并不是家长的附属品，家长在陪伴孩子成长的过程中，要尽量尊重孩子，尊重孩子的隐私。

2. 改变心态，克服强势，孩子才能成长得更好

孩子是一个独立的个体，他有自己的思想，需要自己去成长，家长在孩子的成长过程中应该扮演配角，积极引导孩子，给予孩子成长建议，而不应该有意无意地剥夺孩子的成长权利。作为家长，我们应该改变心态，克服内心的强势，这样孩子才会成长得更好。

（1）适当放权

引导孩子不等于操控孩子。我们要适当放权给孩子，让他们在一定范围内决定自己想要做的事，这种掌控感会让他感觉良好，也会让他更亲近父母。亲子关系好了，孩子内心有了安全的"避难所"，其他问题也就更好解决。

在与孩子交流时，家长要有一个明确的界限。我们要找出原则性问题，在原则性问题上对孩子严格说不，而在非原则问题上，我们可以适当给孩子放权。有时候，妥协是为了孩子更好地成长。跟孩子事事"争夺"选择权，只会让孩子离我们越来越远。告诉孩子不同选择会面临的不同结果，然后让孩子自己做主，这才是最好的陪伴。

（2）遇事心平气和

心平气和往往比情绪失控更容易让孩子"长记性"。很多家长认为，情绪失控能吓住孩子，所以孩子会更"长记性"。但事实上，孩子只会因为父母情绪失控而害怕，却不会记得父母为什么会情绪失控。选一个合适的时机心平气和地表达自己的看法，并与孩子进行平等交流，这样孩子才更容易听进父母的话。

（3）适当保持距离

距离产生美。家长要与孩子适当保持距离，给孩子留一定的成长空间，切勿步步紧逼。很多家长非常强势，特别是当孩子出现问题时，他们对孩子一般都会步步紧逼，殊不知，这样做只会将孩子越推越远。

尊重孩子，不强迫孩子，让孩子真正做自己的主人，必要时给出合理的建议，这样陪伴孩子，孩子才能成长得更好。

育子秘籍

有效沟通，从不再强迫孩子开始

1 妈妈："把厚裤子穿上！"
2 孩子："别拉我！烦死了！我不穿！"
3 妈妈："这么冷的天，你穿这么少，是不是傻啊？"
4 孩子："你别管我！我讨厌你！"

第三节　积极沟通，请让孩子把话说完

"妈，您能不能让我把话说完。"月月不耐烦地打断了妈妈，并用手捂住了耳朵。妈妈更加气急败坏，一边拉扯月月捂着耳朵的手，一边尖声喊道："长本事了是吧？你是不是长本事了？你出去看看哪个小女孩像你一样？真是气死我了！"

原来，今天班主任向月月妈妈"告了一状"，说月月在班里和其他学生发生了冲突，让月月妈妈回家教育月月。月月妈妈气坏了，女儿一回到家，妈妈就狠狠地批评了她一顿。

期间，月月委屈地说了好几次不是自己的错，可妈妈根本听不进去。每次月月刚张嘴解释，妈妈就立刻高声打断她，这才出现了开头那一幕。

如果孩子放学回家后，对家长说"我跟同学打架了"，那么，家长的第一反应是什么呢？相信大部分家长都会生气地教育孩子，"你怎么能跟别人打架呢？""你怎么这么不听话！"有些脾气暴躁的家长说不定还会打孩子一顿。也就是说，家长在得知孩子"犯错"时，通常会根据"错误"的严重程度而教训孩子，却很少探究背后的真实情况。

就像例子中的月月妈妈，班主任告诉她，月月跟其他学生发生了冲突，她甚至没有问"发生了什么冲突"，也没有弄清楚月月与同学发生的是"口头冲突"还是"肢体冲突"，就劈头盖脸地教训了孩子一顿。

在月月妈妈看来，孩子"与人发生冲突"就等同于"犯错"，孩子为自己辩解就等同于"顶嘴"。而且，月月妈妈并不在意孩子"犯错"的原因，她想要的，只是让月月"从今天起，不再与人发生冲突，不要给自己惹麻烦"。

如今，很多父母工作都非常忙碌，这种忙碌的生活会让父母无意识地将情绪带到家庭教育中。当孩子出现叛逆行为时，这些家长更容易失去耐心，他们往往会用最简单粗暴的方式让孩子"听话"。而这种失去耐心、不让孩子开口解释的行为，不仅会伤害孩子的心灵与感情，也会让孩子对父母逐渐失去信任。

当天，月月跟妈妈谁都没理谁，晚餐也在紧张的氛围中结束了。这时，班主任又给月月妈妈打了电话。

电话里，班主任带着歉意说道："月月妈妈，我问了跟月月发生冲突的几个同学，现在事情已经搞清楚了。这几个同学在学校里说另一位老师的坏话，月月觉得他们不应该说老师坏话，这才跟他们起了冲突。这件事是我没有调查清楚，我向月月道歉，同时也感谢月月，能在关键时刻挺身而出。"

挂掉电话，妈妈心里五味杂陈，她又后悔又爱怜地看着一脸冷漠的女儿，暗暗下了决心——以后，无论发生什么事，都要给月月一个开口说话的机会。

不给孩子申辩的机会，这种教育方式会对孩子产生怎样的影响呢？我们从下面这个例子就可以得到答案。

放学路上，一个孩子发现自己同学正在欺负一只受伤的小猫，他立刻前去制止该同学，可是，该同学不但没有收手，还跟这个孩子打起架来。回家后，妈妈看到满脸是伤的孩子，没有询问孩子打架的原因，而是立刻批评了孩子一顿，因为"跟别人打架"确实是不对的。可是，这个孩子并不觉得自己打架有错。相反，他觉得妈妈跟那个同学一样，简直是个冷漠、冷血的人——自己是因为救助小猫才跟"坏人"发生了冲突，而妈妈批评自己，不就是让自己"以后不要帮助弱者"吗？

看，妈妈明明是想让孩子避免犯错，可正是因为她没有给孩子开口解释的机会，她在孩子心里便留下了一个"冷漠""冷血"的印象。

所以，当孩子出现问题行为时，家长不妨给孩子一个开口申辩的机会，不要再咄咄逼人，孩子敞开心扉，将自己的理由与想法和盘托出，这样我们才能了解事情的全貌与真相，也才能真正弄清孩子到底有没有错。

宽松有爱的家庭氛围对孩子的成长至关重要。在陪伴孩子成长时，父母既不能太过严苛，也不能太过溺爱，对孩子适度宽容，在倾听孩子说话时多一点耐心，这样亲子关系才会更加圆满，孩子离叛逆也会越来越远。

积极沟通，请让孩子把话说完

1 少一些主观臆断，不要打断孩子，让孩子把话说完；
2 信任孩子，鼓励孩子说出事情的经过及自己的想法。

第四节　积极沟通，你需要主动打破僵局

一天放学回家，月月有些紧张，但她犹豫再三，还是冷冷地说道："妈，我跟小凌（月月的好朋友）考试作弊了，老师让你明天去一趟学校。"

说完后，月月一脸准备迎接"暴风雨"的样子，甚至还闭上了眼睛。没想到，过了很久，妈妈都没有开口责骂自己，也没有唠叨个没完。月月睁开眼睛，有些试探地问道："妈？"

妈妈心平气和地说："作弊这件事情肯定是不对的，但是妈妈不明白，你跟小凌成绩都不错，为什么会作弊呢？"

月月犹豫了一下，说道："其实我们也不想作弊的，但是小凌上次没考好，被家里人打了。她妈说，如果小凌这次再考不好，就要打死她。我不想让她挨打，所以就跟她约好了，考试的时候对答案。没想到，我俩刚传了两次纸条，就被监考老师发现了……"

妈妈想了想，说道："我能理解你们的心情，但作弊这件事确实是不对的。这样吧，明天我跟小凌妈妈好好谈谈，你们可不许再作弊了。"

"噢！妈妈万岁！"月月开心地说道，"我老妈越来越开明了！"

有些家长很擅长"脑补理由"。当孩子犯错时，他们会在脑海中预想出一个理由，然后根据自己编排的理由来惩罚孩子。

比如孩子跟人打架，他们就会脑补出孩子欺负别人的场景，然后教训孩子一顿。这种"脑补"会让孩子对家长逐渐失去信任，从而影响孩子的成长，影响亲子间的感情。

对于亲子关系还未跌落冰点的家庭来说，只要家长努力克制自己的情绪，让自己回归理智，耐心倾听，让孩子把话说完，那么很多问题都不难解决。可对那些已经"与孩子零交流"的家长来说，我们又该如何做呢？

1. 让孩子发现你的改变

例子中，月月妈妈一改以往唠叨强势的样子，这一变化引起了月月的注意。接下来，她用心平气和的态度，让孩子切身感受到了自己的改变。当孩子发现妈妈的态度发生变化后，他们也会试着改变自己的态度，从而愿意开口与父母沟通。

有些家长经常用"我再也不管你了"来威胁孩子，或者用"你把××毛病改了，我以后也认真听你说话"等来回应孩子。其实，孩子能敏锐地捕捉到家长的变化，家长尽量不要口头上向孩子保证自己会改，而应该用实际行动让孩子真真切切地感受到父母的改变，这样才能真正赢得孩子的信任。

2. 多用引导性词语，让孩子打开心扉

最初，孩子可能不会把自己内心的全部想法和盘托出，这时，家长要对孩子有耐心，可以多去引导孩子，多问几个"为什么"，多说几个"然

后呢",鼓励孩子一点一点把内心的想法表达清楚。必要时,家长也可以保持沉默,等到理清思路后,再与孩子进行沟通。

3. 在孩子给出理由后,不要打骂孩子

很多家长在"套"出孩子心里话之后,就会按照之前的规矩,用打骂等方式惩罚孩子,让孩子"长记性"。可是,这样就等同于告诉孩子:你解释也没用,我还是要教训你的。如此一来,孩子就会把记性"长"到其他地方,比如"下次犯错要瞒着爸妈""下次要学会撒谎"等。那么,家长之前为了让孩子开口而做的努力也就都白费了。

当孩子拿出诚意、敞开心扉与家长沟通时,家长一定要珍惜并把握好与孩子心灵对话的机会。坐下来,和孩子一起商量对策,给孩子几个中肯的建议,这样才能真正缓和亲子关系,也才能重新获得孩子的信任。

062

第五节　积极沟通，谨防孩子由反驳走向沉默

"你说，你说呀，你刚才不是挺能说的吗？现在怎么不说话了？今天你要不说出个理由来，我就打断断你的腿！"雷雷爸爸气势汹汹地吼道，手里扬着一只扫把。

雷雷低着头沉默，没有出言反驳，爸爸看着雷雷沉默的样子更加生气了。他挥舞着扫把，更加严厉地呵斥道："你看看你这副德行，谁家孩子像你这么不省心？我跟你妈也不知道造了什么孽，养出你这么个儿子！"

听着爸爸的话，雷雷的眼泪吧嗒吧嗒往下掉，但他仍旧没开口说话。看着雷雷哭了，爸爸更加反感地说道："你还有脸哭？不许哭了！你早干吗去了？"

孩子做错事，缩在一旁低头不语，而家长则在旁边唾沫横飞，暴跳如雷，这一场景我们并不感到陌生。孩子犯错在所难免，关键是我们要引导孩子从错误中吸取经验教训，以后少犯或不再犯同样的错误。可惜，当孩子犯错后，很多家长并不会冷静思考，而是冲动地训斥孩子，导致

孩子慢慢走向了沉默。

我们可以回想一下身边沉默的孩子，他们中很多在最初也是会反驳家长，并解释自己行为的。可是，每当孩子反驳家长时，换来的不是耐心倾听，而是家长提高八度的嗓门儿——很多家长潜意识中会认为，孩子为自己的行为而辩解就等同于顶嘴。长此以往，孩子便放弃解释了，他们慢慢"变乖"，并走向了沉默。

具体来讲，家长训斥孩子时，孩子保持沉默有下面三点原因。

1. 孩子认为自己是弱势群体，没有发言权。

在一部分家庭中，孩子是各种意义上的弱势群体，所以，不管家长说什么，孩子都会保持沉默。长期所受的家庭教育告诉他们，他们是没有发言权的，与其因为跟独断专行的家长对抗而遭受训斥，还不如委曲求全。

2. 孩子自知理亏，不敢狡辩。

绝大多数情况下，孩子在闯祸后是知道问题严重性的。比如家长和学校反复教育"不要玩火"，可孩子却因为玩火差点引起火灾，这时候，无须家长多言，孩子就已经知道自己犯下了不该犯的错误。所以，家长在训斥孩子时，孩子只会默默聆听教诲，不敢多言。

3. 孩子不服家长管教，用沉默表示反抗。

专制型父母是孩子沉默对抗的主要对象。面对父母简单粗暴的教育，孩子选择用沉默来反抗，他们背后的心理是：此时，我解释也不对，不解释也不对，与其开口惹火家长，受皮肉之苦，还不如保持沉默，让"暴风雨"快点儿过去。

很多家长都认为顶嘴、动不动就摔东西的孩子是最让人头疼的，可事实上，当孩子变得沉默时，他们身上的叛逆问题才是最严重的。

孩子反驳家长，说明他们还愿意跟家长沟通，还愿意把自己的内心想法传递给家长。可当孩子沉默时，就等于他们完全放弃了跟家长的沟通，此时，家长也再难走进孩子的内心了。

而且，孩子拒绝跟家长沟通，受伤的其实是孩子自己。他们封闭了自己的内心，就等于拒绝了家人为自己提供建议的机会，就等于为自己增添了烦恼和压抑，这对他们的身心成长是十分不利的。

那么家长如何做才能防止孩子走向沉默呢？

1. 不管是否有情绪，"重话"要慎讲。

或许家长认为，在教育孩子的时候，为了让孩子"长记性"而说几句重话是无所谓的，事实上，父母的说话语气和态度对孩子的成长影响极其深远。

心理学专家调查研究结果显示，孩子在遭受语言暴力时，其心灵受创度与遭受肢体暴力相当，甚至比遭受肢体暴力更为严重，而孩子遭受冷暴力时，其心灵受创度更是高于语言暴力与肢体暴力。也就是说，家长靠"说重话"让孩子长记性是行不通的。家长的语言暴力与冷暴力，可能会让孩子走向沉默，严重的还可能会导致孩子自卑怯懦，甚至自闭。

经研究表明，教育者（家长）在面部、情绪等方面出现的细微变化会在无形中对孩子产生"辐射"，从而影响孩子对自己及世界的认知与评价。所以，家长在教育孩子时，一定要避免"重话"，特别是影响孩子人格的话。

2. 拿出耐心，在孩子犯错后不要说话，先给孩子说话的机会。

孩子沉默，是因为家长不给孩子说话的机会，那么，家长可以尝试在孩子犯错之后适当沉默，把说话的机会留给孩子。通过孩子的话，我们便可以更全面地了解事情的整个经过，进而与孩子做更有效的沟通。

3. 当孩子反驳时，要积极倾听。

如何倾听是一门学问，心理学上提倡积极地倾听。积极地倾听要求当孩子愿意说出自己的感受时，父母无须表示赞同与否，在回应时更无须对其感受做任何评判，而要做的就是让孩子感受到他被理解，并愿意敞开心扉去探究自己的这种感受。

积极地倾听并不要求我们赞同孩子的感受，它不仅能够让孩子感觉到自己被理解了，更会给孩子一个积极的讯号——原来这样的感受是合理的。以爱和理解作为解锁孩子情绪密码的钥匙，这才是明智之举，而且在爱和理解基础上建立的信任关系很可能会伴随孩子一生。

4. 接纳与包容孩子，允许孩子"适当犯错"。

我们都听过这样一句话，"小孩子哪有不犯错的呢？"这句话谁都知道，但真正落到实处却很难。而且，大部分家长也把握不好究竟什么才是"可以被允许的错误"。

在这种情况下，家长可以坐下来跟孩子一起将"原则性问题"罗列在纸上，想到一条，便往上加一条。如果孩子没有触犯原则性问题，家长就不必一副火急火燎、又惊又怒的样子。要知道适当允许孩子犯错、试错，这也是协助孩子自主成长的好办法。

5. 当孩子认错并勇于改错和弥补时，家长要给予肯定、鼓励和必要的帮助。

俗话说，金无足赤，人无完人。每个人都会犯错，孩子的犯错概率更是高出成年人不少。孩子犯错不可怕，关键是家长要通过有效沟通让孩子认识到自己的问题，并进一步引导孩子积极去解决问题，这才是真正的成长。

当孩子勇于改错，并愿意弥补错误时，家长要给予肯定、鼓励和必要的帮助。戒除一个坏习惯和养成一个好习惯一样难。家长应该认识到，某一问题行为的纠正往往需要花费较长时间，而且会时有反复。在孩子改错的过程中，家长不仅要有信心，更要有耐心。当孩子的不良行为多次重现时，要耐心帮助和引导孩子，这样坚持下去，孩子才更能收获成长，而这一过程也会让亲子关系的纽带连接得更加紧密。

积极沟通，谨防孩子由反驳走向沉默

——孩子是这么一步步走向沉默的。

第六节　如何说，孩子才愿意听

当孩子做错事，或父母与孩子发生争执时，家长如何说，孩子才更愿意听或更有利于问题的解决？

当孩子做错事时，您的第一句话是什么？

很多家长在得知孩子犯错或闯祸后的第一句话，都会是"你怎么回事啊""你怎么这么不让我省心""这么简单的事都做不好""跟你说多少次了"……

家长说这些话的初衷，也许是为了引起孩子重视，也许是为了让孩子长记性，但孩子不会挖掘父母话语背后的含义，他们只会直观地理解字面意思，那就是——父母在指责、否定我，有的父母语气中甚至会带有讽刺和挖苦。

我们仔细体会便会发现，这些话都有一个共同特点，那就是它们都带有情绪。孩子犯错或闯祸时，父母张口说的第一句话，大多时候都是在宣泄自己的情绪。而带有情绪的话，非但对孩子的教育起不到作用，反而会影响亲子之间的感情。

法国作家罗曼·罗兰认为，犯错，其实是给了孩子成长的机会。如果父母将孩子犯错看成一件麻烦事，那他们脱口便是指责孩子的话语；如果父母能够正视孩子犯错，那父母第一句话便会询问犯错原因，或关心孩子有无受伤。也就是说，孩子犯错后父母所说的第一句话，真实暴露了自己内心对孩子犯错的态度。

那么如何说，孩子才愿意听，才能更好地帮助孩子成长呢？

1. 描述看到的事实和感受

在孩子出现问题时，家长要避免用"我警告你……""你最好赶快……""你再不……我就""你太让我失望了"等带有负面情绪的语气说话。

比起开口就指责和批评，你只描述看到的事实和自己的感受，其实同样会让孩子认识到自己的问题。在描述过程中用语要尽量具体准确，这样孩子会更深刻地认识理解问题。

比如当家长看到孩子考试发挥失常时，不要怒气冲冲地说："你怎么回事！我对你太失望了！赶紧学习去！"家长可以换种方式，比如可以说："我看到你成绩退步了，这是为什么呢？是考试的时候出什么状况了吗？有什么爸爸妈妈可以帮你的，你一定要告诉我们，我们一起进步。"这样一来，孩子会更容易接受，也会逐渐向父母袒露心声。

2. 给孩子机会，让孩子表达自己的想法

父母需要先给孩子一个解释自己、表达自己的机会，这样更能准确地弄清事情的原委，进而做出判断。就拿打架这件事来说，大部分父母看到孩子打架时，第一反应都是呵斥自家孩子"你怎么这么不懂事"，事实上，家长应该先询问孩子打架的原因，让孩子对自己的行为给出解

释，在此基础上找到打架的根本原因，并进一步总结经验教训，这才是亲子交流的正确方式。

给孩子一个表达自己想法的机会，其实也是给家长一个机会，一个走进孩子内心的机会。

3. 引导孩子分析问题

当孩子做错事时，很多家长会先给孩子下一个定义，贴一个标签。比如孩子把盘子打碎时，家长会脱口而出"你怎么这么毛躁""你怎么连个盘子都拿不好"。可家长真正该做的不是指责孩子，而是跟孩子一起探讨并分析"为什么孩子总会把盘子摔破"。

是心不在焉？是地板太滑？是手上涂了护手霜？是盘子边缘沾了油？是因为一口气拿了太多的盘子？

当家长不随便抱怨指责孩子，并主动引导孩子分析解决问题时，孩子才更愿意跟家长沟通，也才更有利于问题的真正解决。

4. 引导并鼓励孩子解决问题

家长可以引导孩子进行思考，必要时给予一定的帮助，努力让孩子自己探索解决问题的方法，并鼓励孩子尝试用自己提出的方案来解决问题。

比如孩子做事磨蹭，如果家长直接责备孩子"做事磨蹭"，想必孩子也是听不进去的。这时，家长可以跟孩子一起想想办法，让孩子提出几个解决方案，然后全家人一起实践。同时，让孩子自己寻找解决问题的方法会提升孩子的参与感，在一定程度上调动了他们的积极性，从而更有利于问题的解决。

5. 整个谈话过程要尽量心平气和

孩子与家长沟通是需要勇气的，尤其是关于敏感话题，如"厌学""早恋""打架""被欺负"这类的话题，孩子通常不会跟家长沟通，因为他们害怕家长会让自己的处境更加艰难。

比如孩子对家长说"自己被人欺负"时，大部分家长都会火冒三丈地去学校为孩子讨回公道，可在孩子看来，家长到学校去"闹"反而会让自己丢人。而且，有些家长还会鄙夷地对孩子说："你怎么这么没用，你不会打回去吗？"这种话也会让孩子产生阴影，从而更不愿与家长沟通。

所以，当孩子提到敏感话题时，家长一定不要出言嘲讽。当孩子愿意与家长进行敏感话题的沟通时，家长要尽量保持平和的心态，冷静理智地与孩子沟通，这样才更有利于问题的解决。

说话是一门艺术，沟通是一种学问，静下心来好好说话，孩子才能成长得更好。

如何说，孩子才愿意听

1 引导孩子解决问题 VS 责骂孩子；
2 问清原因 VS 不分青红皂白责怪孩子。

第七节 批评有学问，走心的严厉教育比棍棒教育更有效

亮亮很喜欢看游戏直播，尤其是一名女大学生做的游戏直播。这名女主播不仅游戏打得好，而且人长得漂亮，说话声音也是既温柔又好听。

一天，女主播在直播间里说，只要刷一个"超级火箭"，就可以跟她一起打游戏。亮亮很想跟她一起打游戏，但一个"超级火箭"要2000元，他的零花钱只有20元。想了半天，亮亮决定偷妈妈的钱打赏给女主播。

晚上，亮亮跟妈妈说想要一个新书包，妈妈在某平台付款时，亮亮偷偷记住了妈妈的支付密码。当晚，亮亮就把自己的直播号和妈妈的网银卡绑定在了一起。在给女主播刷了七八次"超级火箭"后，亮亮偷钱的事情终于暴露了。

亮亮的爸爸妈妈非常生气，爸爸拿着扫帚把亮亮打了个半死，妈妈则在一旁不停地责骂孩子。在爸妈的棍棒和责骂下，亮亮一边号啕大哭，一边再三保证绝不再犯。

面对孩子的"偷钱"行为，很多家长都表示这种行为属于原则性问题，无法容忍，应该打一顿，不打不长记性。可是，打孩子真能从根本上解决问题吗？不一定。对于较为严重的成长问题，我们要严肃对待并让孩子引起足够重视。严厉的教育方式有很多，我们可以选择惩罚的方式，但打孩子的行为真的要不得。

家长在严厉教育孩子的时候，一定要避免动手，否则，孩子很容易出现其他成长问题。打孩子会让孩子走向两个极端——要么自暴自弃，要么自己也成为施暴者。

叛逆期的孩子自尊心尤为强烈，面对叛逆期孩子的成长问题，责打行为不仅会让孩子颜面扫地，也会让孩子对家庭的感情更加淡薄。而且，孩子的模仿能力很强，如果父母在遇到问题时选择用暴力方式解决，那孩子也会有样学样，与人一言不合便开始动手。

家长之所以动手打孩子，就是担心孩子以后会越走越歪，可从长远看，动手打孩子根本解决不了本质问题，比起简单粗暴的棍棒教育，走心的严厉教育或许更能让孩子"长记性"。

那么，孩子出现原则性错误时，如何巧妙地进行严厉教育呢？

1. 和善而坚定的态度要贯穿始终

家长要明确这样一个标准——严厉不等于"狠狠骂一顿"，更不等于"可以动手打孩子"。当孩子出现成长问题时，家长要尽量保持情绪稳定，努力用平静和善的语气与孩子进行沟通，但在面对原则性问题时，态度一定要坚定，要让孩子知道问题的严重性，并引起足够重视。

2. 深入分析错误行为产生的原因，针对性地实施严厉教育

当孩子做出错误行为后，相比简单粗暴地批评或痛打孩子，思考这种行为背后的深层次原因更为重要。

就拿亮亮来说，从表面看，他偷钱打赏女主播，是因为女主播游戏打得好，长得漂亮，说话也好听；但从深层次分析，亮亮之所以偷家里的钱打赏主播可能有两方面原因：第一，在亮亮心里，家人的分量比不上女主播；第二，亮亮对钱没有概念，并且缺乏正确的价值观。

如果是第一种原因，那家长可以反思一下，是不是自己平时太过溺爱亮亮，或者多次伤害过亮亮的自尊心，过于溺爱孩子更容易让孩子娇生惯养，不懂得感恩，而教育孩子不讲究方式方法，随便伤害孩子的自尊心，则会使亲子关系越来越疏远；如果是第二种原因，那么家长应该帮助孩子树立正确的价值观，让孩子参与到劳动中，体验赚钱的辛苦。在对待金钱问题上，家长应该对孩子严格一点，但切勿伤害孩子的自尊心，更不要打着"棍棒底下出孝子"的名义体罚孩子，这样反而会将孩子推得越来越远。

3. 在安全范围内放大后果，让孩子真正"长记性"

孩子玩火时，家长可以在网上搜些火灾的图片，让孩子直观地感受到火灾的可怕之处；孩子偷偷抽烟喝酒时，家长可以用新闻和例子告诉孩子未成年人抽烟喝酒会有什么样的不良后果。让孩子看见后果，他们才会真正长记性。

如果家长只会用"非打即骂"的方式粗暴对待孩子，那孩子即便心里明白错的是自己，也可能会产生"你打也打了，骂也骂了，我们扯平了，互不相欠"的想法，等到下次犯错，孩子则会用"大不了被打一顿"的想法作心理铺垫，进行再次犯错。

其实，犯错对孩子来说再正常不过，家长应该以平常心对待，同时在教育引导孩子时要注意方法。对于原则性错误，家长除了态度要严厉外，更要冷静分析孩子犯错背后的真正原因，在此基础上引导孩子，让孩子从错误中吸取教训。家长"走心"，孩子才能成长得更好。

走心的严厉教育比棍棒教育更有效

1、2 孩子偷钱打赏女主播，可以让其参与到劳动中，体验赚钱的辛苦与不易；

3 孩子偷着玩火，可以给孩子看一些与火灾相关的图片或视频，让他感受火的可怕。

第四章

过于情绪化
——孩子需要你的理解和科学引导

第一节　叛逆期孩子的情绪与身体发育、外部环境有关

小星是一名高三学生，随着学习压力的增大，小星开始逃避学习，而他最喜欢的逃避方式就是偷偷玩电脑游戏。电脑游戏对小星的诱惑太大了，他经常偷偷玩到凌晨，所以，第二天起床的时候，他总是一副哈欠连连的样子，上课的时候更是无精打采。小星妈妈见儿子天天无精打采，决定偷偷看看儿子晚上到底在做些什么。

这天半夜，小星又在房间偷偷打游戏。突然，妈妈用钥匙打开了房门，小星来不及退出游戏界面，妈妈终于发现了小星"睡不醒"的秘密。

妈妈非常生气，大声呵斥小星不学好，谁知小星却更大声地跟妈妈吵起来："你为什么偷偷进我房间？你在侵犯我的隐私权！"

妈妈气得推了小星一把："你自己做错了事还怪我？你怎么脸皮这么厚？我怎么有你这么可恶的孩子？"

小星沉默片刻，突然把桌上的东西全推在地上，然后歇斯底里地大吼起来："你说完了吗？说完了就出去！别碍我眼！"说完，他把妈妈推搡了出去，然后狠狠地摔上了门。

青春期的孩子或多或少都会有些叛逆行为，这一成长阶段的孩子自尊心较强，情绪敏感脆弱、抗压能力差。就拿小星来说，其实他也知道自己错了，但是，妈妈选择了戳破他自尊心的方式来"教育"他，这让小星非常难堪，于是，小星变得歇斯底里，选择用大吼大叫、跟家长对抗的方式来宣泄自己的不满。

青春期的孩子有自己的情绪特点：

他们情绪起伏大，给人阴晴不定的感觉。他们的情绪经常会突如其来，很多时候甚至没有什么征兆或者特别的原因。

他们的情绪体验强烈。无论是愤怒、焦虑，还是开心、激动，他们体验到的通常都是这些具体情绪的高强度状态。

他们对他人的评价会很敏感。他们会很在意别人对自己的看法，当别人肯定自己时，会异常开心，并从中获得动力；当别人稍对自己有负面评价时，便会情绪低迷、难过，甚至瞬间失去所有积极的动力。

他们承受压力的能力比较弱，并且面对压力时，他们的生理反应也很大。当他们感觉有压力时，可能会出现失眠、没有食欲、头痛、心率加快、出汗等生理反应。

那么，叛逆期的孩子为什么会比较情绪化呢？其实，这不仅跟孩子的身体发育有关，而且跟外部环境也有关系。

原因一，内部生理因素。

青春期孩子的情绪主要跟激素水平和大脑发育有关。

在生长激素和性激素的刺激下，青春期孩子的个头会明显蹿高，四肢也会更加发达有力。但是，从心智发育来看，他们本质上还是个孩子。

随着身体的快速发展，随着体内激素水平的提高，孩子的情绪也会变得很不稳定。这时，男孩很容易冲动，女孩则有忧郁的表现。其实，激素的维持时间是极其短暂的。当激素维持不下去时，孩子就会为刚才的叛逆行为后悔，同时也会产生自责。

除了激素外，人类的情绪跟大脑中的前额皮质与杏仁核密切相关，尤其是杏仁核，更是掌控了如愤怒、敌意等原始情绪。青春期孩子的大脑中，与情绪相关的区域发育尚不成熟，所以，他们更容易出现焦躁、烦乱、愤怒等情绪。所以，家长要引导孩子合理排解负面情绪，这样才能从根本上解决青春期情绪叛逆问题。

原因二，外部环境因素。

青春期是孩子成长的重要时期。从外部环境因素看，这一时期，孩子可能会经受"学业压力""人际关系"和"自我认知"这三个方面的压力和考验。

从学业压力看，进入初高中后，不论从知识难度，还是从学习时间的投入，抑或是自我约束力方面，对孩子来说都是一个挑战，需要花费很多时间和精力去适应。

从人际关系看，青春期孩子要处理与家长、老师以及同学的关系。这一时期，他们觉得大人并不理解自己，所以不太喜欢跟家长、老师交流，因而更容易在与家长、老师的相处过程中产生压力。同时，从情感方面讲，这一时期孩子的情感重心开始慢慢从家庭向同伴转移，同伴关系对孩子的影响力逐渐增强。被朋友接受、建立和维系朋友关系、处理自己与朋友间的冲突等问题对孩子提出了新的挑战，孩子需要全面应对。

从自我认知看，青春期孩子的自我意识会蓬勃发展，他们会对自我进行探究，积极去探索"我是谁""我要成为什么样的人"等问题，在探索与实践过程中，当孩子感受不到自己作为一个独立个体应该得到的尊重，或者感受不到自我价值的时候，便可能会产生一系列情绪问题。

青春叛逆期是情绪问题和情绪疾病的高危期，无论是家长、学校，还是社会，都应该引起足够的重视。引导和帮助孩子顺利度过这一时期，对于孩子的成长来说至关重要。

任何一种情绪背后都有人的实际需求，叛逆期孩子的情绪也是如此，那他们背后的需求又是什么呢？那就是求关注、求理解、求尊重。在陪伴叛逆期的孩子成长的过程中，家长一定要给予孩子足够的关注，足够的理解，足够的尊重，这样才能抚平青春期孩子敏感脆弱的情绪。当然，给予孩子足够的关注不等于溺爱，给予孩子足够的理解不等于纵容，给予孩子足够的尊重不等于放弃原则。家长要尽量把握好尺度，积极科学地应对孩子的情绪问题，帮助孩子更好地成长。

总之，叛逆期的青少年不但情绪敏感、强烈，而且有很强的自尊心。父母在陪伴孩子成长时要随时关注孩子的情绪变化，并给予孩子科学的引导，帮助孩子正确地认识自我、认识世界，从而让他们更加健康地成长。

育子秘籍

叛逆期孩子的情绪和下面因素有关

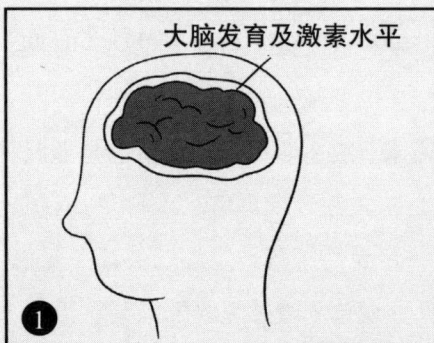

1 叛逆期孩子的情绪与大脑发育及激素水平有关；
2 叛逆期孩子的情绪可能会经受学业方面的压力和考验；
3 叛逆期孩子的情绪可能会经受人际关系方面的压力和考验；
4 叛逆期孩子的情绪可能会经受自我认知方面的压力和考验。

第二节 "你真的好烦呀！"——给孩子一个宣泄不良情绪的机会

最近，璇璇因为期末考试、钢琴考级、拉丁舞考试等压力倍增，可是，爸爸妈妈却一脸兴奋地在餐桌上讨论起暑假游玩的事，这让璇璇非常烦闷。璇璇觉得心情糟透了，爸爸妈妈根本不理解自己焦虑的心情。

这时，爸爸看到璇璇脸色不好，于是打趣道："这次，璇璇要是考试成绩不错，我们全家就去三亚玩吧。不过，璇璇要是考不好，就只能在楼下游泳馆玩水喽。"

一听爸爸提到考试成绩，璇璇简直要烦死了。

"爸爸！你真的好烦呀！"璇璇把饭碗摔到桌子上，不管不顾地说道，"你能别动不动就说考试吗？让我安静一会儿！"

爸爸被璇璇吓了一跳，妈妈则立刻训斥道："璇璇，你怎么这么不懂事，爸爸还不都是为了陪你玩才说要去三亚的，你这孩子怎么这么不知道感恩！"

"对，对，我就是一个不知道感恩的坏孩子，"璇璇气得扔下碗，跑回屋里，"反正在你们心里，我就是一个考试机器，以后你们都别管我了！"

累积过多的负面情绪对孩子的成长非常不利。心理学家认为，每个人都应该学会合理宣泄情绪，并且找到适合自己的排解情绪的方法，尤其是身处叛逆期和青春期的孩子。当孩子处于青春期时，他们的身体在不断发育，大脑慢慢趋于完善但尚不完善，激素水平也在不断提升，这种情况下，当孩子面临压力时，他们更容易爆发情绪。此时，理解孩子并引导他们及时将不良情绪排解掉，这对孩子的成长来说十分重要。

除了生理方面的原因，成长经历也影响着孩子的情绪宣泄方式。孩子没有什么生活阅历，很多时候他们不具备思考问题解决问题的能力，在面对压力时，他们更多会依靠直接发泄的方式将内心的不良情绪宣泄出去。

当孩子发泄情绪时，家长和老师通常会将其认定为"叛逆"，这在一定程度上会阻碍孩子对情绪的排解。久而久之，孩子有了负面情绪却不敢发泄或不知如何排解，这在一定程度上会影响孩子的成长。

例子中，璇璇就是一个不懂如何合理宣泄情绪的孩子。她因为考试而倍感焦虑，但却不知道如何排解焦虑，又没有与父母沟通的习惯，所以她才会因为爸爸的一句玩笑话而大发脾气。

从家长的角度看，璇璇发脾气的原因有些莫名其妙——爸爸那句话的重点在前半句，其本意是说，如果璇璇考得好，就带她去三亚玩耍。可是，从璇璇的角度看，爸爸这句话的重点却在后半句——如果你考不好，就哪儿都别想去了。家长跟孩子的思考角度出现了偏差，这在一定程度上也可以看出，平时璇璇与父母间的沟通是存在问题的，父母无法理解孩子，孩子也无法理解父母，亲子间存在沟通障碍。

璇璇有了情绪，却不知如何应对；璇璇的父母被误解后，没有向璇璇解释自己的本意，却教训孩子"不知感恩"。长此以往，璇璇与父母之间的隔阂就会越来越深，而璇璇也可能会慢慢变成父母眼中"不服管教的叛逆小孩"。

璇璇生气地跑回屋里，不管妈妈怎么敲门，璇璇都拒绝给妈妈开门。爸爸跟妈妈互换了个眼色，决定让璇璇冷静一下。

快到晚饭时间，璇璇揉了揉眼睛，从床上爬了起来。她刚下床，就看到门缝里塞进来一封信——是爸爸妈妈写给璇璇的。璇璇打开信，只见上面写着：

宝贝女儿，爸爸妈妈知道你因为考试压力很大，我们知道，你很重视期末考试，很重视钢琴考级与拉丁舞考试，所以才会感到焦虑。爸爸妈妈没能及时带你放松心情，向你道歉。我们向你保证，只要你尽了自己最大的努力，不管成绩如何，爸爸妈妈都不会怪你。我们的小公主，愿意接受爸爸妈妈的道歉吗？

看着爸爸妈妈诚意十足的"道歉信"，璇璇忍不住又哭了起来。

与成年人一样，孩子也会出现愤怒、喜悦、哀伤、兴奋、害怕等情绪。但与成年人不一样的是，孩子宣泄情绪的方式很单一。

成年人愤怒时，很多会用笔在纸上写写画画，孩子愤怒时，大多会摔东西或哭泣；成年人在表达喜悦时，他们中的很多人会跟朋友喝两杯酒，孩子在表达喜悦时，大多会激动得跳起来；成年人哀伤时，除了流泪，他们还会选择听听音乐跑跑步，而孩子哀伤时，他们大多会哭泣不止；成年人在害怕的时候，大多会保持沉默不敢说话，而孩子在害怕的时候，大多会颤抖并哭泣……

璇璇就是如此。当她愤怒、焦虑时，她选择了用"哭"的方式来宣泄情绪，而在看到爸妈的道歉信后，她同样选择了用"哭"的方式来表达自己的喜悦与感动。

当孩子情绪化较为严重时，比如摔东西、大哭、大吵大闹，家长要尽量耐心一点，再耐心一点，让孩子把负面情绪宣泄出来，等孩子宣泄完情绪完全冷静下来后，双方再心平气和地进行沟通。很多孩子的表达能力较弱，带着情绪时，他们通常无法将内心的委屈、愤怒、焦虑、忧愁准确地表达出来。让孩子适度宣泄情绪，无论是对他们的心理成长还是生理健康都是大有裨益的。

璇璇打开房门，有些不好意思地向爸爸妈妈承认了错误。爸爸妈妈果然没有批评璇璇，妈妈一边做饭，一边说道："都怪你爸，中午非要提考试的事儿，晚上你多吃点，把中午的补回来。晚上有你最爱吃的糖醋排骨！"

爸爸则带着璇璇来到一个漂亮的角落，并对璇璇说道："看，这是爸爸妈妈下午为你布置的'发泄角落'。以后，璇璇心情不好的时候，可以去'发泄角落'里尽情发泄情绪。这里面有玩偶、画笔、白纸，还有一个小音箱！"

看着爸爸妈妈用心的样子，璇璇内心充满了感动与感激。当天晚上，还没等爸爸妈妈提醒自己，璇璇就主动坐到了学习桌前。

看着璇璇的变化，爸爸妈妈相视一笑。

当孩子情绪得到宣泄后，家长就会发现，孩子竟然比以前更懂事了。而且，孩子还会为自己情绪化的行为感到羞愧，并且对包容自己的爸爸妈妈心存感激。

总的来说，当孩子情绪化问题较为严重时，我们可以这样引导帮助孩子。

1. 帮助孩子合理宣泄情绪

当孩子用大吼大叫、大哭大闹、摔东西等方式宣泄情绪时，家长不要轻易制止，而要从孩子安全及不影响他人的角度完善这些方式，让孩子在安全范围内将不良情绪彻底排解掉。

比如孩子在大哭大喊时，家长可以给他递过去一个柔软的抱枕或枕头，然后心平气和地对孩子说："我知道你现在很生气，你可以打这个枕头一顿，等气消了，爸爸妈妈希望能知道你生气的原因。"再比如孩子在摔东西时，家长要把易碎品等容易让孩子受伤的东西收起来，然后让孩子试着在被子里大吼两声，在不扰民的情况下把情绪宣泄出去。

家长要切记，孩子在情绪化严重的时候，千万不要用简单粗暴的方式对孩子，这样做，孩子要么会更加失控，要么会将情绪憋在心里，对孩子的成长极其不利。

2. 教会孩子准确表达情绪

当孩子有情绪或者情绪不稳定时，他们很难准确地表达情绪。比如孩子因为受委屈、被冤枉而生气时，他们只会表达出"生气"，却很难表达出"我之所以生气是因为……"

让孩子学会将自己的情绪、心事写下来是一个很好的表达情绪的方法。孩子在回顾过程中，他们需要对情绪进行复盘、整理、思考，进而便会理清思路，平稳心神。这一过程让孩子的情绪得到了准确的分析和表达，不仅让情绪得到了排解，而且锻炼了孩子的表达能力。

3. 为孩子设置"发泄角落"

我们可以在家里为孩子设置一个"发泄角落"，告诉孩子当自己有情绪时可以到"发泄角落"进行情绪宣泄。不良情绪得到及时排解，这样才更有利于孩子的成长。在"发泄角落"里，我们可以为孩子提供一些有助于排解情绪的道具。心理学家发现，对男孩来说，投篮、投飞镖等运动都是发泄不良情绪的好办法；对女孩来说，在纸上写写画画则是不错的排解情绪的方法。

育子秘籍

我们可以这样帮孩子排解不良情绪

1 找一个合适的地方让孩子尽情地哭喊；

2 教孩子通过对情绪进行复盘来准确表达情绪；

3 为孩子设置"发泄角落"，可以在里面放置飞镖、沙袋等道具。

第三节 "让我一个人待会儿！"——先让孩子独处，然后再沟通

"让我一个人待会儿行吗？"依依将书包重重地摔在地上，大哭着说道，"我都说了一万遍了，我不会的！你为什么一直逼我呢？！"看着情绪崩溃的依依，妈妈终于合上了嘴。

原来，性格活泼外向、长相漂亮可爱的依依一直是老师和同学们喜欢的孩子。可是，自从上了六年级，依依变得越来越情绪化，妈妈也不知道问题出在哪里，只能反复教育依依，希望她不要把路走偏。

这天，妈妈跟依依开完家长会回来，班主任着重提了一下"禁止小学生早恋"的事情。妈妈看着漂亮可爱的女儿，决定给她"打个预防针"。于是，妈妈反复询问依依有没有对哪个男生有好感，又问依依最近有没有发现谁对自己格外殷勤。

妈妈从放学开始唠叨，一直唠叨到小区门口。没想到，刚进了家门妈妈又开始唠叨个不停，最后，依依终于忍不住出言顶撞了妈妈，然后大哭起来。

我相信，没有哪位家长会希望孩子讨厌自己，但在现实中，能受到孩子真心喜爱的家长却并不多。为什么？因为家长总会不可避免地"好心办坏事"。他们觉得，孩子应该理解自己的苦心，可孩子却觉得"我的爸妈好烦"。

例子中，依依妈妈毫无疑问是一位唠叨的家长。可是，她唠叨的初衷是害怕女儿早恋，害怕女儿因为"长得漂亮""性格好"而受到早恋的伤害。依依妈妈希望通过反复游说提高孩子对"早恋危害"的重视，可这种唠叨的方式，却让依依觉得妈妈根本不相信自己，当她忍无可忍的时候，便做出了"出言顶撞""大哭"等行为。

毫无疑问，父母都有一颗爱孩子的心，每位家长表达爱的方式都是不同的，爱孩子的方式也是多种多样的。适当让孩子独处，是很多孩子需要，也是很多父母需要学习的一种亲子相处方式。当家长给孩子独处的时间和空间后，孩子不但不会疏远父母，反而还会跟父母的心靠得更近。

适当独处对孩子的成长很有帮助。有时候，孩子只需要一个人静静地待一会儿，不受烦扰地思考几个问题就会受益良多。可惜很多家长都不懂这些，他们不知道孩子的灵感与独立能力在不经意间已经被父母的"关爱"给打断了。

回屋后，依依还是烦闷得不行。虽然现在是自己宝贵的独处时间，但因为她刚才顶撞了妈妈，所以此时情绪仍然很激动，内心感到既委屈，又愧疚。

依依趴到门口想听听外面的动静——按往常，妈妈早就一边拍门，一边唠唠叨叨地让自己出去了。可是，今天妈妈不但没敲门，而且也没有继续唠叨。依依觉得有些煎熬，于是主动把门打开了。谁知道，依依竟看到妈妈坐在沙发上抹眼泪。

看到依依出来了，妈妈把脸扭到了一边。依依赶紧跑过去，低着头跟妈妈承认了错误："对不起，妈妈，我只是……"依依羞愧地说不出话来。

谁知，妈妈不但没有责怪依依，反而向依依道了歉："应该是妈妈向依依道歉，妈妈不是不信任依依，只是怕依依年纪小，做不出正确的决定。你放心，妈妈以后不唠叨了，我们依依长大了，可以自己做决定了。"

听完妈妈的道歉，依依忍不住扑到妈妈怀里，再一次哭了起来。

大人们总想给孩子无微不至的关怀，可是，这个"度"若把握不好，反而会给孩子留下"唠叨""霸道""不尊重隐私"等印象。

例子中，依依妈妈在听完女儿的道歉后并没有选择"乘胜追击"，也没有用眼泪来逼迫孩子继续认错，反而主动向依依承认了自己不好的一面。这样温情的行为，在孩子心里其实比"得理不饶人"更容易留下深刻的记忆。

先让孩子独处，而后再与他们沟通，这样沟通效果才会更好。那么在孩子独处方面，家长可以如何做呢？

1. 每天为孩子留出独处时间，具体时间由孩子根据自己的需要来决定。

有些家长认为，每天给孩子留出固定的独处时间，这样更能让孩子养成独立思考的习惯，也更有利于孩子专注力的培养。其实，孩子的独处时间并不用专门设立，只要孩子想独处，家长就应该给他们独处的时间。

当孩子养成独处习惯时，他们就会有意识地在自己情绪失控时选择"一个人静一静"。在独处时，他们会让自己杂乱的心情逐渐平复下来，同时也会反思自己的行为是否有问题。

如今的家庭，大人多，孩子少，这样的家庭结构难免会让家长将更多的注意力放在孩子身上，若教育不当，孩子很容易娇生惯养，情绪化严重，他们更需要有人指导自己如何善用独处。

家长可以结合孩子的兴趣为孩子多提供一些独处的方式，比如引导他们独立画画、写字、演算，或者扔飞镖等，通过这些方式，孩子慢慢学会了独处，并开始享受独处。这样当孩子再出现情绪化行为时，家长便可以让孩子独处一会儿，待孩子情绪稳定下来后，再与他们进行沟通。

2. 有条件的家庭，应为孩子设立单独的房间，没有条件的家庭，可为孩子设置"独处角"。

孩子独处的关键在于"独"。如果被家长左右环绕，嘘寒问暖，那也就失去了独处的意义。所以，有条件的家庭可以为孩子设立一个单独的房间，让孩子有属于自己的独立空间。没有条件的家庭，也可从卧室、客厅等处为孩子划出一片空间，让它成为专属于孩子的"独处角"。

根据巴甫洛夫的"条件反射"理论,当家长有意识地引导孩子利用"独处房间"或"独处角"来平复情绪时,孩子就会因为条件反射,一看到"独处房间"或"独处角",就自动平复自己的情绪。

独处之后,孩子的情绪也会因此而变得平和。这时,家长便可以与孩子进行具体沟通了。当然,家长此时的沟通也需要一些技巧。

1. 询问孩子的想法

孩子独处后,心中一定有不少想法。这时,家长要拿出耐心,询问孩子的想法是什么。这里,家长要牢记"询问"与"唠叨"的区别。如果一味唠叨追问,反而会引起孩子的反感。如果孩子不想说,家长不妨拿出耐心,静静等待孩子开口,或者带孩子出门散散步,看看电影,同时给孩子讲讲自己的经历,让孩子放下戒心。

2. 适度肯定孩子的想法,并将孩子的想法与自己的建议相结合

当孩子开口说出自己的想法时,无论这个想法有多么荒唐可笑,家长都不要嘲笑、讽刺孩子,也不要对孩子的想法不屑一顾。

一位年仅 16 岁的抑郁症患者分享了自己的经历,在她看来,对她病情影响最大的人是她的母亲。15 岁时,她喜欢的男生当着全班同学的面说她长得丑,她忍不住哭着跑回了家。回家后,她的母亲询问理由。一开始,她没有向母亲透露,可在母亲的再三要求下,她还是把这件事说了出来。谁知,母亲在听完后,只说了一句,"只有这样?"随后,母亲便将她的遭遇大笑着讲给其他亲戚听。后来,她便越来越自闭,等发觉的时候,她已经患上了抑郁症。从这件事我们可以看出家长对待孩子的态度有多重要。

孩子的承受能力、处事经验等都与成人有很大差别。有些事情在成人看来是微不足道的小事，可这些小事放在孩子的世界里，却如同天塌地陷般严重。所以，孩子在说出自己的内心想法时，无论这个想法在父母看来多么幼稚荒唐，都不要对其嗤之以鼻，否则，孩子很容易关闭心门，从此不再对外敞开。

　　给孩子一个独处的机会，在孩子学会独处后，再耐心与孩子沟通，这样亲子关系才不容易中断，亲子沟通才会更加顺畅、深入，这样才更有利于孩子问题的解决。

适当独处对孩子的成长很有帮助

1 每天为孩子留出不固定的独处时间；

2 有条件的家庭，应为孩子设立单独的房间，没有条件的家庭，可以为孩子设置"独处角"。

第四节 "我就是不想跟你说！"——尊重孩子隐私，提升他的安全感

"佳佳，昨天晚上那个男生是谁啊？"妈妈一脸谨慎地问道。佳佳没吭声，满脸写着不悦。妈妈见佳佳不说话，继续问道："我看他骑车送你回来的，你俩不会是……"

"哎呀，我俩没啥事，就是普通同学。"佳佳不耐烦地说道，"他家也在附近，我俩放学对考试答案，他顺路就送我回来了。"

妈妈一脸狐疑："你俩对答案，不能在班上对？非要在路上，有说有笑的？"佳佳脸上的烦闷更重了，反问道："我不笑，难道还哭？我要是哭，你们更要问个不休。"

"你就跟我直说吧，你跟那个男生真没什么？"妈妈提高了嗓门。

"哎呀你这个人怎么这样啊，"佳佳气急，"别说我俩没什么，就算有我也不想跟你说！"说完，佳佳抓过书包，夺门而出。

对家长来说，孩子的世界似乎藏着无穷无尽的秘密。我们不妨想象一下下列情况。

你去打扫女儿的房间，无意间发现女儿的日记本放在桌上，而且没有上锁；儿子每晚都要与人聊微信，和他聊得最多的，竟然是一个女孩子；你给孩子收拾书包，发现书包里有一张折得完好的纸条……这时，你会翻阅日记、检查手机、打开纸条吗？

对于他人的秘密，每个人都有不同程度的好奇心；可对于自己的秘密，每个人都是小心翼翼，生怕被人窥探了去。然而，大部分父母发觉孩子有秘密时，都难忍自己的好奇心，他们中很多都会打着"为孩子好"的旗号，悄悄窥探一番。

有专家认为，从婴幼儿时期起，孩子就有了自己的隐私，不过在那时，他们还十分依赖父母，所以无法保护自己的隐私；随着青春期的到来，孩子逐渐向成人意识过渡，这一时期他们的隐私意识在逐渐增强。

随着孩子的成长，他们的隐私内容逐渐增多，其范围也越来越大。为了保护自己的隐私不被父母窥探，他们会积极寻求方法，创造招数，比如及时删除聊天记录、给日记本上锁等。"父母没必要知道我所有的秘密。"这属于孩子内心的正常渴望，也是他们发现自我、正视自我的方式。

佳佳上学去了，可妈妈却一直在回味女儿的话。难道真的是自己管太宽了？可是，佳佳性格单纯天真，万一那个男孩心术不正，把佳佳往歪处引，那又该怎么办呢？

佳佳妈妈苦恼之际，佳佳的外婆正好来送蔬菜。得知女儿对孙女的担心后，外婆忍不住笑了："当初，我这么管教你的时候，我看你也不耐烦得很，天天跟我嚷嚷着隐私。怎么现在倒管起佳佳了？"佳佳妈妈顿时恍然大悟，瞬间理解了女儿的心情。

当晚，妈妈送给佳佳一个上了锁的笔记本："对不起，宝贝，妈妈为早上追问你的行为道歉。你现在已经是大姑娘了，是该自立的时候了，遇到问题，你需要尝试自己解决。当你遇到解决不了的难题时，可以告诉我和爸爸，我们会帮助你解决。这本日记是上了锁的，以后你有什么想法就写到日记本里。你放心，这是你的私人物品，就像我不愿意别人偷看我的信件一样，妈妈也不会偷看你的日记本。"

佳佳有些感动地接过日记本。妈妈继续说道："宝贝，你的日记上锁，并不是因为你写了什么见不得人的东西，而是因为你的思想是独立的，只有你自己有权利看。"

佳佳用力地点点头，随后跟妈妈说道："对了，妈妈，我还是要告诉你，我跟那个男生真没什么，他完全不是我喜欢的类型。"说完，佳佳和妈妈相视一笑，重归于好。

佳佳对妈妈的行为很感动，也会对妈妈产生信任，她会逐渐向父母打开心门，同时也更愿意与父母沟通。佳佳主动、自愿地告诉家长一些小秘密——"那个男生不是我喜欢的类型"，这正是孩子信任父母的表现。

尊重孩子的隐私，并不意味着对孩子不管不顾，放任自流。在孩子的成长过程中，家长要尽量把握好"度"。说到"度"，很多家长都觉得不好把握。其实，我们不妨想一想自己对待好友的态度——好友有事，我们一定尽力相帮，但好友是个独立的人，很多事情需要他们自己做决定。孩子也是如此，他们是独立的个体，所以，家长重点在于引导孩子，而不是掌控孩子。

家长将孩子视作好友，孩子自然也会将我们当作朋友。当家长获得孩子的信任和好感后，孩子便会与家长探讨问题，同时在自己需要的时候，也会向家长寻求帮助与建议。

一天，佳佳放学后没有跟妈妈打招呼，而是径直回了房间。妈妈发现佳佳有些不对，于是便敲门问道："佳佳，妈妈可以进来吗？"

过了一会儿，佳佳才轻声说道："可以，你进来吧。"

妈妈坐在佳佳身边，微笑着问道："宝贝，你今天好像有点不对劲，能跟妈妈说说吗？你不愿意说也没关系，可以把自己的想法写在日记本里。"

佳佳沉默了片刻，说道："不，妈妈，我想说。"说完，佳佳从文具盒里拿出一张纸条，上面写着"佳佳，你好，我很喜欢你，你能跟我交往吗？"这张纸条上没有落款，但是佳佳垂头丧气地说道："我知道他是谁，但是我不能说。"

妈妈笑着说道："佳佳，被人喜欢是件好事，它证明你是一个受欢迎的孩子。"佳佳摇摇头："我不知道怎么办才好，我不想告诉老师，别人会说我是'告密者'的。"妈妈想了想，说道："你可以给他回个小纸条，告诉他，如果你们能考入同一所大学，就同意跟他交往试试。如果一个男生真的喜欢你，他会为了你让自己变得更优秀。"

佳佳点点头，恍然大悟道："我明白你的意思了，你说得对，妈妈。"

在孩子的成长过程中，家长光保证自己不窥探孩子的日记、聊天记录是远远不够的。那么，在孩子的成长教育中，家长应当如何做，才能真正保护孩子的隐私呢？答案就是提升孩子的安全感。

需要注意的是，并非时时刻刻陪伴在孩子身边就能给足孩子安全感。那么，怎样才能提升孩子的安全感呢？

1. 永远不要嘲笑孩子，也不要将孩子的"糗事"宣传出去

孩子在成长过程中难免会出现"糗事"，比如尿裤子，再比如尿床。有时，家长会觉得孩子的"糗事"很有趣，于是便用来嘲笑孩子。有人来做客，或者去走亲戚时，他们也会将孩子的"糗事"当作谈资大肆宣扬。

对于孩子的"糗事"，大人一般会一笑了之。可从孩子的角度看，家长将自己的"糗事"宣扬出去，就像自己光着身子完全暴露给别人一样，简直比打他们一顿还难受，而且这种难受的心情，很可能会成为童年的阴影，严重影响孩子的成长。

2. 为孩子保守秘密

不管孩子有没有明确提出"不许告诉别人"，家长都应该为孩子保守秘密。有时候，孩子出于对家长的信任而将自己的秘密透露给家长，可家长若不能帮孩子保守秘密，而是转头拿来与他人说笑，那便辜负了孩子宝贵的信任，孩子也可能会因此而对家长关闭心门。

总之，孩子的隐私如同夜明珠般珍贵，家长一定要学会保护与尊重。或许有一天，你会欣喜地发现，孩子日记本上的锁消失了，孩子的心门也打开了，你和孩子间的距离也越来越近了。

育子秘籍

尊重孩子的隐私，提升他的安全感

1 尊重孩子的隐私；

2 永远不要嘲笑孩子，也不要将孩子的"糗事"宣传出去。

第五章

"挑战"权威
——孩子主体意识没有得到满足

第一节 "挑战"权威，可能是孩子的主体意识在增强

熙熙是一名高中生，妈妈一直想让熙熙走绘画这一条路，可熙熙却对画画没什么兴趣，他真正喜欢的是播音主持。

有一天晚上，熙熙鼓起勇气对妈妈说道："妈，我不想学画画了，我想去学播音主持。"

熙熙妈一听，立马说道："不行！画画你都学十年了，现在不学太可惜了！再说，你播音主持一点天分都没有，学了也是浪费时间！"

熙熙不乐意了，反驳道："你怎么知道我播音主持没天赋？我就是想学。还有，明天速写课我不去了，一画画就烦。"

"你这孩子，真是越来越不听话了！我让你学画画是为你好，是为了让你将来好就业，你怎么这么不知好歹？"熙熙妈怒气冲冲地说道，"再说了，我是你妈，我能害你吗？"

熙熙不耐烦地说道："你是我妈，你说的就全对吗？今天你说什么都没用，我就是要学播音主持！不学画画了！"

当孩子出现"拒绝听从父母的建议"等行为时，大部分家长第一反

应都是这孩子叛逆期到了，不好管了。

事实上，和大人一样，孩子其实也有自己的想法，只是小时候，他们的自主意识还未完全形成，所以显得更"听话"。到了青春期前后，孩子的自主意识逐渐增强，他们会对自我进行深入思考，比如"我真正喜欢什么""我将来想要干什么"，此时家长如若还像孩子小时候一样强行要求孩子，那便很容易发生冲突，而此时的反驳或反抗也就是家长眼中的叛逆。

其实当孩子步入青春期后，他们不仅会对自我和周边的事物进行深入思考，而且会开始尝试将自己的想法付诸行动，当他们的想法或行动因为外力而受阻时，比如父母或老师的阻止，他们便会极力反抗，此时，由于自身身体发育的原因，他们往往会很冲动，甚至失去理智，表面看他们在挑战权威，实则他们只是渴望能被理解和尊重。

例子中，熙熙从小就在妈妈的安排下学习画画，可他对画画并没有兴趣。随着年龄的增长，熙熙对"妈妈安排自己走画画这条路"越来越不满，但妈妈并没有尊重孩子，终于有一天孩子向妈妈发起了"挑战"。

总的来说，青春期的孩子之所以会出现挑战权威的叛逆行为，可以从生理与心理两方面来分析原因。

从生理发育角度看，青春期孩子在力量与思想上逐渐能与成年人相抗衡，此时的他们迫切希望获得成年人的肯定和重视。

从心理角度看，青春期孩子的独立意识蓬勃发展，可他们的主体意识却没有得到完全满足，所以，他们想通过挑战权威的方式来验证自己的能力，维护自己的权益。

很多家长其实很想跟孩子成为朋友，也想跟孩子亲近，但又担心跟孩子走得太近，时间长了"威严"会减少，到时候孩子就更不好管了。事实上，孩子是一个独立的个体，家长的权威欲望越强，就越会刺激孩子的反抗情绪，这样越容易诱发孩子的叛逆行为。

那么，家长的哪些行为容易导致孩子挑战权威呢？

1. 强势地为孩子安排好一切，不尊重孩子的想法

专制的养育方式在孩子小的时候或许还有效，但随着孩子慢慢长大，自我意识逐渐增强，他们的思想和意识在不断发展，他们对很多问题都有了自己的想法，此时如果家长还是强势地要求孩子，那么势必会激起孩子的反抗。

2. 没有原则，全凭心情好坏教育孩子

这类家长的教育方式比较随意，心情好的时候谦和有礼，心情不好的时候态度暴躁。这种家长说话做事会很难让孩子信服，当孩子逐渐长大，就会与父母相抗衡，进而产生挑战权威的行为。

3. 对自己和孩子分别"执行"两套"标准"

这类家长对自己要求很宽松，对孩子要求却很严。比如休息日的时候，家长自己可以享受、放松，却给孩子布置繁重的学习任务，这种双标的行为显然会让孩子产生不满。当孩子慢慢长大，自主意识慢慢增强，他们便会要求跟父母享有同样的标准，以此来挑战父母权威。

那么，当孩子挑战家长权威的时候，家长又该如何做呢？

第一，家长要主动与孩子沟通，尊重孩子，多让孩子谈谈自己的想法。

当孩子出现挑战权威的行为时，家长千万不要像"一点即着的火药桶"般与孩子争吵，家长要放平心态，心平气和地与孩子沟通，尽可能地让孩子说出自己的想法。如果孩子的想法没什么大问题，那家长不妨在安全范围内按照孩子的想法进行一些尝试，通过尝试，孩子的想法得到了进一步的验证，不管最终效果如何，对孩子来说都是一种成长。如果效果良好，那么孩子便会从中收获自信；如果效果不好，那么孩子便会从失败中收获经验和教训，并且在以后也会更加重视家长的建议，不随便抗拒家长。但倘若孩子的想法有原则性问题，那么家长就要坚守底线了。这种坚守要建立在平和的态度上，言语不可带有情绪，和善地将理由讲给孩子，努力说服孩子。

第二，家长要努力做到言行一致，让孩子看到自己的改变。

对于尚未失信于孩子的家长，一定要严格要求自己，不要出现前面提到的那些错误教育方式；而对于那些已经失信于孩子的家长，更要让孩子看到自己的改变。

如果孩子对自己没有信心，那么制定一个短期的规定是一种不错的选择。比如一星期内，全体家庭成员在晚6点到晚8点之间一起读书学习，家长也可以请孩子来监督自己，调动孩子的积极性。家长说到做到，孩子才会逐渐信任家长，从而尊重家长的权威。

总之，所谓家长的权威，并不是要让孩子无条件顺从自己，而是要有原则地对孩子进行管教，让孩子有分寸感和界限感。相信每一位家长，都能在尊重孩子的基础上让孩子信服，成为孩子的榜样，毕竟让人信服的"权威"才是真正意义上的"权威"。

你的这些行为更容易导致孩子挑战权威

1 强势地为孩子安排好一切，不尊重孩子的想法；

2 没有原则，全凭心情好坏教育孩子；

3 对自己和孩子分别"执行"两套"标准"。

第二节　面对误解，不妨引导孩子与老师进行一场理性对话

　　"帅帅，你们班主任刚给我打电话，说你在学校打人了，而且还顶撞了老师，说她自以为是，这到底怎么回事儿？"爸爸挂掉手机，严肃地问道。帅帅没吭声，只是在不停地抠手。爸爸有些生气："你这孩子，多大了还抠手！还有，我在跟你说话呢，你怎么这么漫不经心的，你这什么态度？！"

　　帅帅抬起头，冷冷地说道："你都已经信她了，我还有什么好说的。"

　　爸爸被噎得无话可说，半晌才说道："那就是说，你确实打人了，是吧？"

　　帅帅沉默片刻，说道："我说我没动手，你信吗？"

　　爸爸一拍桌子吼道："你说你没动手，那为什么你们班主任说你打架？你的意思是，你们老师冤枉你了？你要是一点儿问题没有，你们老师会冤枉你？"

　　"你都信了，我还有什么好说的？随你怎么想吧，反正你们都一样，总觉得自己多了不起，根本就不听别人说话。"帅帅冷笑一声，起身回

了房间。

当晚，班主任打电话给帅帅爸，原来，帅帅只是恰好出现在打架现场，同学们都为他作了证，是自己误会了帅帅。

有时候，孩子会突然蹦出几句对抗权威的话，比如例子中的帅帅。相信他小时候，应该不会这么违抗父亲的，可长大后，他却会用"自以为是""反正你们都一样，总觉得自己多了不起"这种话来表达自己的不满。

随着孩子慢慢长大，他逐渐发现曾经的权威，比如老师和家长，他们的言行并不一定完全正确，他们并不是无所不能的，于是，在特殊情况下或者双方遇到冲突时，孩子便免不了说一些叛逆的话，或以一些叛逆的举动来刺激权威，以此来检验自我能力。

这种心理对青春期孩子来说是非常普遍的。在成长过程中，孩子很多时候会通过挑战权威的方式来证明自己的成长与优秀。很多时候，当同龄人在某些方面不擅长或出错时，他们很容易接纳；但当老师或家长等"权威人士"有不擅长的东西或者出错时，他们便会产生"老师（家长）也不过如此"的想法。小学生很少敢顶撞老师和家长，可到了中学，孩子的生理和心理都逐渐趋于成人，他们很容易做出一些叛逆举动，以此来证明权威其实并没有那么权威。

而且，很多青春期的孩子还会觉得，自己挑战权威的行为非常"酷"。比如沉默对抗老师或家长时，孩子内心会觉得自己的行为是非常"帅气"的，他们会沉醉其中，也会向同学炫耀"我懒得搭理老师""我跟爸妈没话好说", 以此来获得同学的"称赞"。

就像帅帅，他未必觉得跟爸爸没话好说，他只是在用沉默的方式告诉爸爸"你还是自我反省一下吧"。

当然，案例中帅帅的行为固然是有问题的，但归根究底，还是班主任和爸爸误会了帅帅。那么，我们在遇到此类情况时，是不是可以尝试换种方式来引导孩子说出自己的心里话呢?

晚上，妈妈知道了这件事，她决定找帅帅谈谈："儿子，妈妈听说了老师和爸爸误会你的事儿，你能跟妈妈讲讲今天到底发生了什么吗?"

帅帅开始还是有些沉默，但过了一会儿，他缓缓开口："今天我照常上学，发现车棚附近围了好多人，就想过去看看怎么回事。原来是高三的一个学生占了我们班小马的车位，俩人吵起来了。我一看快上课了，就把小马拉走了。结果，放学的时候，高三那个同学来我们班堵小马，要打他。我就让班长去喊老师，然后护着小马来着。我根本就没动手，结果我们班主任来了，一看高三的学生跟我们打起来了，上来就拽着我冲我吼：'学校是你们打架的地方吗?'之后把高三那群学生也赶走了。"

妈妈有些生气："你们班主任为什么拽你不拽别人?"

帅帅又委屈又生气地说道："就因为我成绩不好，小马成绩好，她就以为那几个高三的是来找我打架的。"妈妈很生气，于是给班主任拨通了电话。

电话接通后，妈妈并没有跟班主任争吵，而是平静地叙述了事情的经过。班主任也证实了帅帅说的是实情，而且，还未等妈妈开口，班主任就率先向帅帅道了歉。

班主任的道歉反而让帅帅有些不好意思了。他从妈妈手里抢过电话："老师，对不起，我也要向您道歉，我不该跟您顶嘴。我以为……"

就这样，一场误会解除了。

当孩子被误解时，他们肯定会心生怨气。在情绪的影响下，他们会做出很多违背自己内心的事儿，比如控制不住跟老师顶嘴，辱骂老师，甚至跟老师动手等。这种叛逆行为归根究底，还是因为孩子不懂得如何跟老师进行一场理性对话。

很多时候，老师和家长并没有看不起孩子，但在权威面前，孩子潜意识里会觉得自己"低人一等"，他们内心渴望平等，渴望得到尊重，渴望能够自己掌握自己的命运，在这种心理下，当他们感觉自己没有得到"正确"对待时，便会用一些偏激的行为来发起挑战，以此来为自己辩解或争取权利。

那么，当孩子被误解，并选择用叛逆的方式来挑战权威时，家长应该如何引导孩子呢？

1. 家长自己要做到心平气和，不要随意怀疑孩子，更不要给孩子"扣帽子"

例子中，帅帅爸爸就做了坏榜样。

当时，帅帅明确说出了"我说我没动手，你信吗？"可是，帅帅爸爸还是没给孩子解释的机会，他想要的只是让帅帅向老师道歉，他并不觉得自己的孩子受了委屈，也不觉得帅帅是冤枉的，所以，帅帅也就没了进一步跟爸爸交流的欲望，进而出现沉默对抗的叛逆行为。

所以，当孩子因被权威误解而出现叛逆行为时，家长一定要像帅帅妈妈一样主动跟孩子沟通，理清事情原委，这样才能从根源处解决问题。

2. 引导孩子不卑不亢地与权威进行一场理性对话

孩子不会无缘无故地抨击权威，背后肯定有原因。不管这个原因在家长看来有多幼稚、多无聊，家长都要重视起来。

如果错在权威，家长要让孩子学会平静有礼、不卑不亢地面对权威。

比如，当帅帅被老师误解时，帅帅可以对老师说："老师，您误会了，我希望您能给我一个解释的机会。"如果老师拒绝相信帅帅，那么帅帅可以选择寻求同学、家长等他人的帮助，积极主动地跟老师沟通，努力让老师了解事情的始末，直到误解解除。

如果帅帅被老师误解，且当时因为其他原因没有为自己辩解，那么家长可以让帅帅通过给老师打电话或发微信的方式，让孩子与老师进行心平气和的沟通。在不带情绪的理性沟通下，误会更容易解除，这样老师和孩子便会彼此重新建立起信任，一切回归正常，孩子的生活和学习也不会因此而受到影响。

总之，孩子出现对抗权威的叛逆行为时，家长一定不要发火动怒，心平气和地与孩子谈一谈，必要的时候，站在孩子一边，帮助孩子采用理性方式与权威对话，这样才能帮助孩子真正成长。

当孩子被误解并选择用叛逆的方式来挑战权威时，可以这样做

1 家长自己要做到心平气和，不要随意怀疑孩子；

2 不要给孩子"扣帽子"；

3 引导孩子不卑不亢地与权威进行一场理性对话。

第三节 "我的事跟你有什么关系！"——告诉孩子家庭是什么

上了初中后，米米仿佛变了个人似的。从前，她很喜欢自己的校服，可最近，她总是抱怨校服款式呆板、颜色单调、缺乏新意，简直就是阻止学生张扬个性的"元凶"。

一开始，妈妈觉得是个女孩都爱美，所以没在意，可一天晚上，她突然发现米米躲在屋里照镜子，还不停地往脸上抹化妆品。妈妈大吃一惊，直接推开门质问道："米米，你知不知道自己还是个学生？学生不以学习为重，倒在这儿描眉画眼，简直可怕！"

米米见妈妈进来，立马三两下擦掉了脸上的眼影、口红，然后噘着嘴不吭声。见米米不吭声，妈妈提高了嗓门："你说说你，还有个小女孩的样子吗？学人家化妆，你怎么就不学点儿好呢！"米米小声咕哝道："跟你有什么关系。"

妈妈更加生气："米米！你说什么？你再给我说一遍？""我说，我的事儿跟你有什么关系！"米米大声吼道，"我又不是你的奴隶！""我是你妈！我供你吃，供你穿，你说你跟我有什么关系？！"妈妈也尖叫起来。

见米米和妈妈吵了起来，一旁的爸爸赶紧拉住米米妈妈说道："好了好了，别吵了，不就是化个妆嘛，你平时不也化妆嘛，小女孩哪有不爱美的。"

妈妈只觉得头痛："她才刚上初中，她化妆干什么？化给谁看啊她！再说，什么叫跟我没关系？这个没良心的，我是养了个'白眼儿狼'吗？"爸爸赶紧把妈妈推了出去："好了好了，让我跟女儿说，你先出去吧。"

孩子的依赖性太强让人苦恼，孩子太过"独立"也同样令家长苦恼不已。

对于青春期前后的孩子，他们总喜欢通过各种叛逆行为来宣扬、展示自己的个性和独立。

这一时期，他们会将"你别管我""这是我自己的事儿""我的事儿跟你有什么关系""我自己负责，不用你管"等话挂在嘴边。其实，孩子说这些话，未必就是他们想跟家庭决裂，很多时候他们只是觉得这些话说起来很酷，显得自己像"酷酷的大人"。

事实上，说这些话的孩子根本就没搞懂什么是家庭，家庭对自己的意义是什么。从社会学上看，家庭是一种以血缘、婚姻、收养等关系为基础的社会生活单位。家庭承担着抚养、教育孩子，并使其适应社会的责任。但在一部分孩子看来，承担这种责任的家庭更像是"牢笼"，束缚着自己的个性，让自己不能实现百分百的自由。

例子中的米米想通过化妆的方式，让自己看起来与众不同，让自己看起来"个性飞扬"。可在妈妈看来，作为一名初中生，化妆这一行为是非常不妥的。妈妈严厉批评米米化妆的行为，可米米不会觉得自己化妆有错，反而会觉得"妈妈什么都要管，我一点自由都没有"。

对父母来说，陪伴孩子是自然而然的情感流露，可对青春期的孩子来说，他们更愿意跟同龄人"交心"。这是为什么呢？

1. 孩子觉得自己是大人了，可父母觉得孩子仍旧是孩子。

步入青春期后，孩子的身体与思想都逐渐趋于成熟。小时候，他们乐于听从父母的安排，可随着年龄的增长，他们开始有了自己的思想，对事情也有了自己的看法。作为过来人，父母认为自己的安排对孩子来说是最稳妥的，可在孩子看来，这些安排都是束手束脚的，他们渴望证明自己，渴望摆脱家庭对自己的影响。摆脱家庭，最简单的方式就是叛逆。

2. 父母对孩子提了很多要求，但自己却做不到；或者父母对孩子许了很多承诺，但却没有做到。

孩子对父母天有着天然的信任，他们不会因为一两件事而丧失对父母的信任。可是，在孩子漫长的成长过程中，如果父母对孩子提了很多要求，但自己却做不到，或者父母对孩子许了很多承诺，但却没有做到，那么，孩子就会逐渐对父母丧失信任，遇到事情也懒得与父母商量。

3. 用冷冰冰的大道理代替情感交流。

有些家长不懂得如何与孩子沟通，他们习惯给孩子讲大道理，跟孩子聊天时也大多只谈学习，但学习对孩子来说只是他成长过程中要完成的一件事而已，只是成长的一部分，而非全部。这种冰冷的氛围会让孩子觉得"所谓家庭，不过如此"，久而久之，孩子也就失去了与父母沟通的欲望。

把妈妈推出房间后，爸爸看着米米的小花脸，忍不住笑了出来。看见爸爸笑了，米米也跟着傻笑起来。父女俩笑够了，爸爸好奇地问道："米米怎么想到要学化妆了？"

米米有些不好意思地说道："我们班女生都化妆，她们说，这是在张扬个性。我觉得她们说得对。"爸爸笑着说道："可是，全班女生都化妆，这就不叫个性了吧，这只能叫盲目跟随。"

米米点点头"我也只是好奇，想试试能化成什么样，这些化妆品都是同学借给我的，还好妈妈没扔出去。她为什么这么生气啊？她平时不也化妆吗？"

爸爸说道："妈妈不是生气你化妆，她只是害怕你走上歪路。不过，她后面确实生气了，因为你说的那句'我的事儿跟你有什么关系'。你知道吗，妈妈也非常爱你，她只是脾气急，火气大。你想想，妈妈平时是不是什么事儿都以你为重，她爱米米比爱自己更多。"

米米不吭声了，她想到了妈妈平时对自己的好，脸上有些热热的。

做出叛逆行为的孩子，并不等同于没有"是非观"。当孩子出现叛逆行为时，家长不要着急呵斥孩子，而是要冷静下来，心平气和地与孩子进行沟通，努力了解孩子叛逆行为背后的心理需求。

就拿米米来说，她无法与妈妈好好沟通，却能跟爸爸说出心里话，这是因为米米妈妈脾气暴躁，她只想让女儿赶快变回乖乖女，却忽略了米米内心"张扬个性"的诉求。

那么，当孩子拒绝与父母沟通，并出口顶撞父母时，父母该怎么办呢？

1. 控制情绪，给彼此一个冷静缓冲期。

孩子第一次顶撞父母时，内心最大的感受一定不是爽快，而是内疚。尤其是青春期的孩子，他们正是这样一个矛盾集合体。一方面，他们控制不住自己用叛逆行为"伤害"父母，另一方面，他们又为自己的叛逆行为愧疚懊悔，可是，他们宁可别扭地不承认自己愧疚懊悔的心情，也不会扑到父母怀里认错。

所以，当孩子顶撞父母时，父母不要"针尖对麦芒"，马上与孩子对抗。父母可以保持沉默，在彼此都冷静之后，再寻求解决方案。

2. 询问孩子："如果你做了父母，你想成为什么样的父母？"

这个问题等同于家长检验自身，也等于给了孩子一个倾吐的机会。当孩子回答这个问题时，他们的答案大多是父母目前所欠缺的。比如，对于缺乏亲子沟通的家庭，孩子的回答大多是"我想做一个能理解孩子、能与孩子好好沟通的父母"。家长可以通过孩子的答案，有意识地改变自己与孩子的相处方式。

孩子最想要的不是与父母决裂，而是想要父母的理解。当孩子出现叛逆行为时，我们不妨反思一下自己，孩子想要的理解，我们真的给到了吗？

是什么让你和孩子间的距离越来越远？

1 孩子觉得自己是大人了，可父母觉得孩子仍旧是孩子；

2 父母对孩子提了很多要求，但自己却做不到，或者父母对孩子许了很多承诺，但却没有做到；

3 用冷冰冰的大道理代替情感交流。

第四节　"你不让我做，我偏要做！"——在建议的基础上告诉孩子，你尊重他的选择

"沐沐，妈妈跟你说了多少遍，不要跟豆豆一起玩，你怎么又跟他在一起？"沐沐刚进家门，妈妈就紧张兮兮地拉住沐沐说道，"妈妈跟你说过多少次了，你怎么就不长记性呢！"

沐沐不耐烦地说道："哎呀，我有交朋友的权利，你不要管了。"

妈妈低声呵斥："你这孩子，说的什么话，妈妈还不都是为了你好，你知道豆豆爸爸是什么人吗？他是……"

"他爸坐牢了，我知道。"沐沐没好气地说道，"豆豆是豆豆，他爸是他爸，他俩不一样，你别再干涉我交朋友了，我自己心里有数。"

"你个傻孩子，"妈妈气结，"那种家庭能教出什么好孩子来？以后你少跟他来往，我看你们班班长小丁不错，学习好，懂礼貌，家庭条件又好，以后你多跟小丁来往才对！"

"从小到大，你让我学这个，让我学那个，让我做这个，让我做那个，你有一次问过我的感受吗？"沐沐突然情绪爆发了，"好，你不是不让我跟豆豆玩吗？那我偏跟他玩，我就不跟小丁玩，以后你不让我做什么，

我就偏要做什么！"

华文作家陶杰在《杀鹌鹑的少女》一书中写道："当你老了，回顾一生，就会发觉：什么时候出国读书、什么时候决定做第一份职业、何时选定了对象而恋爱、什么时候结婚，其实都是命运的巨变。"

如其所言，人生其实是由一个个选择打造的，每个人每天都会站在大大小小的关于选择的十字路口上，而每一个选择，都会对我们的人生产生大大小小的影响。

成年人深谙选择的重要性，所以，家长喜欢为孩子铺垫好人生之路，也喜欢帮孩子做出"最优"选择——小到今天穿什么衣服，要看哪些书，要报什么兴趣班，大到未来学校选择，职业规划——只要涉及选择，家长都有一套自己的理论，无须孩子费心决定。

就这样，大部分孩子都在被动地接受父母的选择。当孩子步入青春期，他们的主体意识渐渐增强，关于选择也有了自己的想法。可是，当孩子有意见时，家长就会抱怨"小孩子懂什么""我还不是为你好"。就这样，家长和孩子产生了分歧。

毫无疑问，家长希望孩子能在人生的各个阶段顺利成功，希望孩子因为正确的选择而获得幸福。可是，干涉孩子的选择真的好吗？

晚上，妈妈辗转反侧睡不着，她把沐沐跟豆豆的事情讲给沐沐爸爸听，没想到，爸爸非但不觉得女儿叛逆，反而还觉得是妈妈大惊小怪。

"怎么成我的错了？我为女儿好，有什么不对？"妈妈不依不饶地说道。

沐沐爸爸有些不高兴地说道："当初还不是你，逼着孩子又学音乐又学舞蹈的，现在连沐沐交朋友你都要'帮忙把关'，难怪沐沐不愿意跟你说话。"

妈妈沉默了，爸爸趁机说道："再说了，你知道沐沐为什么跟豆豆一起玩吗？因为这学期刚开学的时候，有几个高年级学生欺负沐沐，是豆豆立刻跑去叫来了老师，沐沐才没有受伤。你觉得，沐沐会听你的话疏远豆豆吗？如果她真的疏远了豆豆，那她才是德行有问题！"

听完爸爸的话，妈妈十分懊悔。

很多家长都担心孩子因为交到坏朋友而走错路，但随着孩子慢慢长大，他们的自主意识逐渐增强，在很多事情上他们都比以前更有想法，包括交友，此时家长不妨多听听孩子的想法，在此基础上再与孩子做深入沟通，这样孩子才更容易接受，而不应该像沐沐妈妈一样直接否定孩子。

沐沐之所以选择跟豆豆做朋友，是因为豆豆曾经帮助过她，可妈妈却因为豆豆的家庭阻止女儿与其交友，对沐沐来说，这种来自家庭的阻挠，反而会让沐沐更加坚定地和豆豆在一起。

事实上，孩子有自己的想法并非坏事。

有些孩子在挑选衣服时，如果家长说红色好看，那他一定会选择红色，哪怕他内心喜欢蓝色更多；有些孩子，当妈妈说"再吃点吧"，他即便吃饱了也会再添些饭。这些看似懂事的孩子，在某种程度上讲，可以说是放弃了自我的孩子。当他们独自面对问题或选择时，只会手足无措地待在原地，除非有人帮他们做出选择。

家长不能替孩子选择一辈子，我们扪心自问：自主自愿地做一件事与被迫做一件事，哪种更好？答案自然是自主自愿地做一件事。对成年人来说，自由选择是一件令人快乐的事情，对天性崇尚自由的孩子来说，让他们自主选择更是令人愉悦的。

歌手陈美玲曾分享自己的育儿经验，"大儿子读高中时，想去美国留学，我当然希望他选择的是比较好的大学，或者稍微逊色一点的也可以。可是最后的结果让我大跌眼镜，他选择了一所一般的大学。这所学校每一名新生都配一匹马，每天要先照顾自己的马才能去吃早饭。我尊重他的选择，我知道这是在培养他们的责任感。在这所学校他读得很高兴，成绩也很好，他的选择是对的。"

可见，每个孩子都是独立的个体，都有自己的选择。作为家长，我们应该多听听孩子的想法，在安全范围内尽可能地让孩子自己去做选择，我们只要在必要时给出建议即可，这样的人生才是孩子自己的人生。

作家毕淑敏曾说过一句话，"我觉得一些家长为孩子设计人生之路本身并没有错，但是孩子有权利选择其他道路。当孩子与父母的意见不统一时，应该尊重孩子的选择。"

那么，当孩子做出与家长不同的选择时，家长应当如何做呢？

1.耐心倾听孩子做某种选择背后的原因

孩子所做的每一件事，背后都有他的原因。

比如孩子选择做"动物值日生"而不是"班长"，其背后原因可能是孩子喜欢小动物,可能是孩子不喜欢做班长,也可能是其他原因。所以,当孩子告诉家长,自己不想做班长而想做"动物值日生"的时候,家长可以耐心询问孩子为什么做出这样的选择,而非强行干预。

当孩子愿意与父母交流自己的选择时,孩子与父母的距离也就更近了。

2. 尊重孩子的选择,并给出自己的建议

孩子做出选择,并给出原因后,家长要对孩子的选择进行评估。如果孩子的选择不触犯原则性问题,那么家长可以尝试按孩子的选择来,在此基础上,家长可以结合自己的经验给孩子一些提醒或建议。

还是用孩子想做"动物值日生"举例。当孩子选择做"动物值日生"后,家长要肯定孩子的选择,并将孩子的选择与"责任心"挂钩,家长可以这样引导孩子,"照顾小动物是需要责任心的,千万不能半途而废,也不能觉得不耐烦,你有信心把小动物照顾好吗?"如果孩子给出肯定的回答,那么家长要及时鼓励孩子,并定期向孩子询问小动物的状况;如果孩子给出否定的回答,或者沉默不语,那么家长可以借此机会教育孩子"做事要三思而后行",不能仅凭喜好和一时冲动而做决定。当孩子的选择受到尊重后,他们便会更加珍惜这次机会,也更会全力以赴。

尊重孩子的天性和选择,让孩子体验自己的人生,他们的生命与成长才会更加丰富多彩。

育子秘籍

当孩子坚持自己的选择时，我们可以这样做

1 耐心倾听孩子做某种选择背后的原因；
2 尊重孩子的选择，并给出自己的建议。

第五节　规矩制定有讲究，榜样力量更强大

"爸爸都跟你说了好几遍了，放学回来不要打游戏，你这孩子，怎么一点儿记性都不长呢?！"赫赫爸爸恨铁不成钢地说道。

赫赫小声咕哝道："你自己还不是一样，一下班就玩游戏。"

"你说什么?"爸爸声音立马提高了八度，"反了你了，有这么跟爸爸说话的吗? 我上班赚钱养家，累了一天，玩会儿游戏怎么了? 从今天开始，你不许再玩游戏，不然，以后的零花钱你就别想了! 听见没有?"

赫赫不吭声了，他一脸不服气地低着头。

"你听见没有?"爸爸高声重复道。

"哦，听见了。"赫赫烦闷地扔掉了手上的游戏机。

为了孩子更好地成长，家长总会给他们立各种规矩，可是，很多家长都忽略了一点，那就是"立规矩，不如树榜样"。

例子中，赫赫的爸爸很喜欢玩游戏，下班之后，他一般都会捧着游戏机打上几局，可是，他却禁止赫赫玩游戏，并拒绝为赫赫做榜样。可想而知，赫赫以后"再犯"的概率还是很大的。

望子成龙、望女成凤的家长在给孩子立下规矩后，当孩子违反规定时，家长就会给孩子扣上"不听话""不懂事"的帽子。在很多家长看来，一旦定好规矩，孩子就要像执行命令一样，把规矩牢牢记在心里，坚决贯彻执行。他们会把更多的注意力放在规矩的执行上，而并不会在规矩的细节上多加思考，比如这些规矩在具体执行时有没有一些特殊情况，再比如给孩子制定的规矩是否有点过多，如果规矩立得太多，孩子就会觉得束手束脚，十分压抑。当孩子无法遵守旧规定时，家长就会给他们制定新规，新规旧规"双管齐下"，效果只会适得其反，让孩子变得更加叛逆。

　　那么，到底该不该给孩子立规矩呢？中国有句古话，叫"君子有所为，有所不为"。从一定程度上讲，没有规矩约束的孩子是不安全的，因为他们没有界限，不知道安全的尺度在哪儿。规矩不仅可以使孩子的生活更加规范，而且可以使其好的行为习惯得到强化，减少不良行为对孩子成长的影响。所以，立规矩是必要的，适当给孩子立规矩可以让孩子成长得更好。

　　为什么在给孩子"立规矩"这件事上，很多家庭都进行得不太顺利呢？其实很多时候问题并非出在规矩的制定上，而是出在执行上，具体来讲，很多家长在制定好规矩后只会要求孩子，但自己却做得不怎么样。

　　生活中，大部分家长都会要求孩子放学后立刻写作业，写完作业后立刻着手预习、复习，不许玩游戏，看电视不能超过半小时，晚上九点必须睡觉等。

　　可对于自己，家长则有很多理由，比如"我上了一天班，要休息休息""我累了，要打游戏""我白天上一天班了，晚上要熬夜玩"等。

这种"双标"的行为如何能让孩子信服？时间长了，孩子便会爆发——"你们总让我守规矩，可你们自己呢？"最后，孩子也暗自想出各种办法偷偷破坏规矩，比如"瞒着父母去网吧玩游戏""假装在九点睡觉，半夜起来偷偷玩"等。

为了孩子更好地成长，家长要科学制定规矩，并为孩子树立好的榜样。那么，在为孩子制定规矩和成长计划时，家长到底该如何去做呢？

1. 尊重孩子的主体意识，让孩子参与到规矩和计划的制定中

当孩子因为出现成长问题而有必要制定一些规矩或计划时，家长要尊重孩子的主体意识，要与孩子主动沟通，积极听取孩子的建议和想法，让孩子也参与到规矩或计划的制定中，而非家长单方面强制制定。让孩子自己参与制定规矩或计划，这样他才更愿意去执行。

2. 设立规矩或计划后，家长要为孩子树立榜样，努力与孩子一同执行

当家长希望孩子认真学习少玩游戏而给孩子制定了"不准玩游戏"的规定后，家长自己要为孩子树立好的榜样，回家后可以拿起书在孩子旁边安静地阅读；当家长希望孩子提高身体素质而给孩子设置了"每天晨跑半小时"的规定后，家长自己也要抽出时间早起，与孩子一同跑步，陪伴孩子。与孩子一同执行规矩或计划，这样做不仅有助于父母理解孩子的感受，而且有助于孩子体会家长的良苦用心，同时也更有利于孩子坚持下去。

3. 宽容孩子的小缺点，不要揪住孩子的错不放

这个世界上没有不犯错的孩子，如果孩子每犯一个小错，家长都揪着不放，或者强行用规矩将其"套牢"，那最后的结果只能是孩子越来越叛逆。对于孩子性格中的缺点，我们应该多多包容；对于孩子成长过程中出现的错误或不良行为，我们应该更多地去思考它们出现的原因，努力从根源处解决问题。我们要认识到，给孩子立规矩也许并不是解决问题的唯一方法或最佳方法。"身教"，用自己良好的行为慢慢去引导孩子，为孩子创造一个积极向上的成长环境，这样比生硬地为孩子制定条条规矩更有效。

如何科学为孩子制定规矩

1 尊重孩子的主体意识，让孩子参与到规矩和计划的制定中；

2 设立规矩或计划后，家长要为孩子树立榜样，努力与孩子一同执行；

3 不要用规矩将孩子"套牢"，宽容孩子的小缺点，不要揪住孩子的错不放。

第六章

社交问题
——在安全范围内尊重、信任孩子

第一节 不良社交？你需要引导孩子建立正确的择友观

"睿睿，你看你交的这两个朋友，他们成绩都不怎么样，你再跟他们玩儿下去，你的成绩肯定也会受到影响。"妈妈语重心长地对睿睿说道。

谁知，睿睿根本不把妈妈的话当回事："妈，你别逼我行吗？我保证成绩决不落下，你就别管我跟谁交朋友了。"妈妈气急："你这孩子，跟他们交朋友你肯定会后悔的。"睿睿还是一副不以为然的样子。

第二天，妈妈从"家长群"里找到睿睿两个朋友的家长，毫不客气地给对方发微信，叫他们管好自己的孩子，不要把睿睿带坏。两个家长对睿睿妈妈的专制和嚣张感到非常生气，于是也让自家孩子不许再跟睿睿玩。

谁知，经过睿睿妈妈这么一闹，三个孩子关系比以前更好了。他们彼此约定，谁都不许背叛，家长不让他们在一起，他们就偷偷在一起。

可是，事情迟早会暴露的。当睿睿妈妈发现儿子还在跟那两个同学玩时，她气急败坏地质问儿子："睿睿，你要朋友还是要妈妈？你选朋友就滚出家门，我不认你这个儿子！你要选择妈妈，就不许再跟他们来往！"

毫无疑问，睿睿妈妈是爱儿子的，在她心里，没有什么比儿子的"成绩""前途"更重要的了。可让睿睿妈妈想不到的是，自己逼孩子的后果竟然是孩子投向朋友一方，从此暗暗与自己"决裂"。

在孩子成长过程中，很多家长都会把"等你长大后就知道爸妈的选择没错"挂在嘴边，在家长看来，孩子长大仿佛是一瞬间的事，可在孩子看来，"长大"这件事太过漫长，比起长大后再回头看过去的选择，他们更多会考虑当下。

当下，父母逼着自己在"朋友"和"家长"之间二选一，他们因为这个选择而痛苦，痛苦之余，他们便可能会潜意识地认为痛苦是父母带给自己的，于是，孩子最终很容易以"讲义气"等理由倒向朋友一边。

上学之前，孩子大部分时间是跟家长一起度过的，所以，他们心理上更加依赖家长。上学之后，一天中的大部分时间他们都跟同学待在一起，同学对他们的影响很大，孩子交到了什么样的朋友？孩子所交的这些朋友品行如何，学习如何？所有这些父母都会密切关注。

父母不能二十四小时陪在孩子身边监督孩子，这会让他们十分担心。出于担心，一部分父母会选择牢牢将孩子"拴"在身边，不许他跟成绩不好、性格不好、家庭不好的同学来往。父母这样做是想切断所有让孩子走向歪路的可能，可事实却是，这样的父母反而会把孩子推得更远。

家长长期不停地强硬干涉孩子会让孩子的内心越来越压抑，当压抑超出孩子的承受范围时，孩子便会通过叛逆行为来宣泄不满，他们会觉得，只有在朋友身边才能喘口气。就这样，孩子"义无反顾"地倒向了朋友一方。

听了妈妈的威胁，睿睿毫不犹豫地推门想要出去。睿睿刚一开门就看到了下班回家的爸爸。

"咦？这个时间你要到哪儿去？不吃饭了？"睿睿爸爸奇怪地问道。睿睿委屈地说道："妈妈说，让我滚出家门。"

爸爸瞪了妈妈一眼，说道："又怎么了？他又犯什么事儿了，你要把他赶出去。"妈妈一听也来气了，她将睿睿不听话的行为添油加醋地说了一遍，然后质问道："这是我的错吗？我让他交朋友的时候擦亮眼睛，我这话有错吗？"

爸爸把睿睿拉回来后，先让睿睿回了屋，自己则跟睿睿妈妈单独聊了会儿。

他对睿睿妈妈说道："你怎么跟我妈一样，连孩子交什么朋友也要管。我小时候，我妈也看不上大俊（睿睿爸爸的朋友），逼着我跟他绝交。可现在呢，我们在外面打拼，家里有什么事，还不都靠人家大俊去帮忙。"

睿睿妈妈不吭声了，睿睿爸爸继续说道："依我看，成绩差的孩子未必没出息，睿睿的两个朋友，只要人品没问题就够了，你不要干涉孩子那么多。再说，睿睿都向你保证了，不会落下学习，你又有什么不放心的呢？"

很多父母担心孩子因为不良社交而变坏，所以迫切地为孩子制定了一套套"交友准则"。可是，青春期的孩子他们大多都有自己的想法，如果父母不讲究方法，事事强行插手，只会逼得孩子崩溃或叛逆。

父母都是为了孩子好，但沉重的"二选一"只会让孩子喘不过气来。

当父母逼迫孩子"二选一"，与孩子出现裂痕时，我们又该如何弥补呢？

1. 向孩子道歉，找一个合适的时间与孩子谈谈朋友的优点与缺点

睿睿是一个品学兼优的孩子，睿睿妈妈反对睿睿与两位同学交朋友的原因，无非是怕他们拉着睿睿吃喝玩乐，给睿睿造成负面影响。睿睿妈妈的担心不无道理，可她擅作主张的行为却会引发孩子的反感，更有可能让睿睿失去理智，为了与父母作对而故意和朋友亲近，得不偿失。

睿睿妈妈可以向睿睿承认自己处理方式不当，并拿出诚意心平气和地与孩子交流一下朋友的优点和缺点。比如，睿睿妈妈可以说，"你跟妈妈说说，他们两个身上都有什么优点。什么都行，如果你能说出来，妈妈就不再反对你们一起玩儿""人无完人，他们的缺点都有哪些呢？"家长可以通过与孩子一起分析"朋友的优缺点"来帮助孩子理清思路，让孩子更客观地看待交友这件事。

2. 以问题打开孩子思路，帮助孩子构建正确的择友观

家长可以通过问题打开孩子思路，帮助孩子构建正确的择友观。

比如，睿睿妈妈可以说："睿睿，妈妈相信你有能力处理好自己与朋友间的关系。妈妈之所以担心你，是因为妈妈曾经也有过这样的朋友。一开始，她们身上的某些特点吸引了我，不管姥姥姥爷如何反对，我都决定要跟她们做一辈子的朋友。可后来，她们开始怂恿我逃课，去网吧，怂恿我偷家里的钱买化妆品，我拒绝了，自那以后，她们便不再把我当朋友了。这时候我才明白，她们其实从一开始就没真正把我当朋友，她们只能算我的'狐朋狗友''酒肉朋友'罢了。这样的朋友，当我遇到困难时，他们也不会对我伸出援助之手。睿睿，你是一个聪明的孩子，妈妈相信你一定会处理好交友这件事的。妈妈向你保证，以后不会再逼你在朋友和妈妈中间'二选一'了。不过，如果有一天你遇到问题，记得一定要跟妈妈或爸爸说，爸爸妈妈永远都是你坚强的后盾。"

家长以自己的经历为例，更能拉近自己与孩子之间的距离，也更能引发孩子思考。在以后的择友过程中，相信孩子也会充分考量对方是否为自己真正的朋友。

《诗经》有言："哀哀父母，生我劬劳。"父母对孩子的爱比山更高，比海更深，千万不要让这么深沉的爱成为压迫孩子的噩梦。

在孩子的交友问题上，你不可以这么做

——尊重孩子的社交选择，只可引导、不可强制要求孩子。

第二节 "他不就搂了一下我的腰吗？"——你需要对孩子做好性教育

在回家路上，妈妈发现车站冰激凌棚前面有个小女孩很像自己的女儿洋洋。她走近一看，发现果然是自己女儿，此时，一个初中生模样的男孩正搂着她的腰！

妈妈简直要气炸了，她阴沉着脸，快步走上去拉开二人，随后狠狠瞪了那个初中男生一眼："你妈没教过你不能随便碰女孩子吗？没教养！"说完，她拉着女儿快步离开了。

到家后，妈妈忍着怒火问女儿："他是谁，你俩怎么回事？你知不知道自己是个小女生？大庭广众之下被男生搂着腰，你好意思吗？！"

谁知，洋洋一点儿都不觉得羞愧，反而有些莫名其妙地问道："他不就搂了一下我的腰吗？琪琪（洋洋朋友）也经常搂我腰啊！"

妈妈气道："那能一样吗？琪琪是女孩！他是男生！一看他就不是什么好人！"

洋洋也有些不耐烦了："妈妈，你怎么这么小题大做啊，爸爸、爷爷、小舅，他们不都是男生吗？他们能碰我，为啥小冬（刚才的男生）不可以？"

虽然现在已步入 21 世纪，但很多家庭仍然对性教育讳莫如深。由于生活水平的提高，小学生的身体发育也普遍提前。从前，人们认为青春期通常为 13 岁到 19 岁，可事实上，很多孩子在 10 岁就已经步入青春期了。

青春期是一个充满好奇的时期，这一时期，青少年的性器官开始发育成熟，一些孩子会出现第二性征。随着第二性征的出现，青少年在生理上会产生急剧的变化，而生理上的变化，也会带动他们的心理发生改变。此时，家长如果对性教育仍然难于启齿，那么孩子便可能会缺失性安全防范意识，还有一些孩子可能会去自行探索异性的秘密。

在陪伴孩子成长过程中，家长应该尽早告诉孩子男女身体方面的差别，并在此基础上引导孩子建立安全防范意识，对此，家长可以从以下两方面着手。

1. 尽早并科学地对孩子进行性教育

父母要尽早对孩子进行性教育，需要注意的是，不同成长阶段，性教育的侧重点有所不同。

0~2 岁的婴幼儿，主要靠动作与感觉来探索世界，比如他们会触摸自己的生殖器官。此时，父母可以告诉孩子生殖器官的正确名称，不要让他们觉得触摸生殖器官是件不正经的事情。

2~6 岁的孩子，他们热衷探索自己的身体，也热衷提出关于身体的问题。这一阶段，父母要满足他们的好奇心，同时也要教育他们保护自己，并尊重他人。

7~9 岁的孩子，他们的身体发育与思维能力都在逐渐增强，这一阶段，父母可以在上一阶段基础上逐渐加深性器官、性发育等方面的知识，同时也要注意提前给孩子普及月经、遗精等生理方面的知识。

10~12 岁的孩子，很多孩子已经开始经历青春期。此时，父母要引导孩子在安全范围内与异性相处，保护好自己和他人。

2. 不要回避孩子关于"性别"与"性"的问题

当孩子提出关于"性别"和"性"的相关问题时，家长一定要拿出耐心，努力解释给孩子听，不要敷衍、回避孩子。比如，孩子会问"我是怎么来到这个世界的""为什么爸爸站着尿尿""为什么妈妈不能带我去男厕所"等。

这时，家长要尽量用孩子听得懂的语言解释给孩子，千万不要闪烁其词，用"你长大就明白了""你是捡来的"等话来敷衍孩子，这样反而会激起孩子的好奇心，让孩子觉得"性别"与"性"充满了神秘感。

如果家长不懂得如何为孩子解释"性别"与"性"的相关问题，那么可以通过相关视频、绘本等方式来让孩子了解相关知识。

听到洋洋的辩解，妈妈觉得头痛不已。曾经自己和老公不好意思给女儿讲性知识，没想到现在女儿却因为性教育的缺失被其他别有用心的小男生占便宜。

晚上，妈妈跟女儿长谈了一番，她为洋洋讲了很多性方面的知识，还和洋洋一起看了卡通视频。随着了解的增多，洋洋明白了小冬的别有用心。

洋洋忍不住说道："小冬一点'安全边界'都没有，太不尊重人了。

他再这样，我一定对他不客气！"

妈妈点点头："男孩和女孩有肢体接触是难免的，比如不小心碰到胳膊，但像他这样明目张胆地搂女孩子腰就要小心了。"

在实际生活中，像洋洋一样对性知识一知半解的孩子还有很多，对此，家长要尽早为孩子普及相关知识，帮孩子建立安全防护意识，引导孩子在安全范围内与异性相处，保护好自己和他人，安全防线的搭建对孩子的成长至关重要。

关于性教育，父母可以这样做

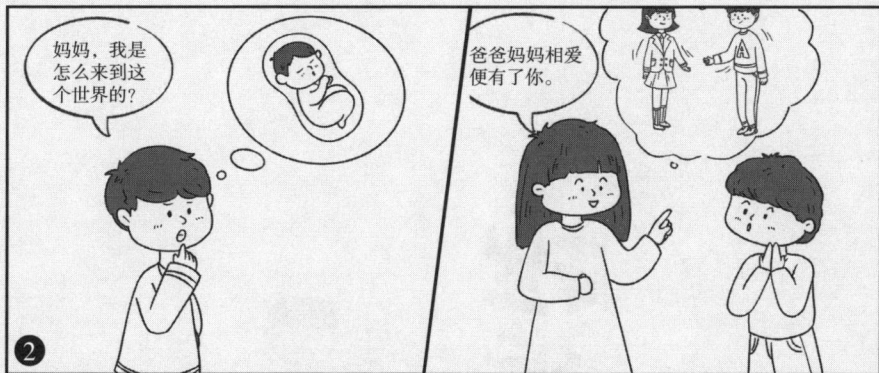

第七章

厌学——要从自身多找原因

第一节　解决学习问题，从锻炼孩子的抗挫能力开始

前几天，朵朵数学测验考了 94 分，她觉得自己至少应该考 98 分，于是默默哭了起来。朵朵同桌小凯撇了撇嘴："你考 94 分还哭？那我考 70 分还活不活了。"听着小凯的"劝导"，朵朵哭得更厉害了。

一连几天，朵朵都表现出茶饭不思的样子。终于，在爸妈的再三追问下，朵朵才说出了自己是因为考试没发挥好，所以才影响了心情。

听完朵朵的解释，妈妈觉得很高兴，她觉得这是朵朵严格要求自己的表现，可爸爸却不这么想。他皱着眉头说道："朵朵，你的抗挫能力有点差，爸爸希望你能更加坚强一点。不要因为没考好就哭鼻子，也不要太在乎别人的评价。"

听了爸爸的话，朵朵以为爸爸是在埋怨自己，于是又默默掉下了眼泪。

我们可以回想一下，孩子有没有经常出现下面这些情况——"明明是件小事，却非要哭鼻子""只能赢不能输""很容易就放弃一件事""太在乎别人的评价"……如果答案是肯定的，那么很可能与孩子的抗挫能力较差有关。

罗伯特·巴雷尼出生于奥地利的维也纳，他的父亲是一名小职员。为了生活，巴雷尼一家人终日奔波劳碌，饱尝生活拮据之苦。更不幸的是，巴雷尼是六个孩子中的老大，他因为营养不良以及长期照顾弟妹辛苦劳累而患上了骨结核，但却无钱医治，最终变成了残疾人。

此时，巴雷尼的母亲悲痛欲绝，但她却拉着孩子的手说道："巴雷尼，妈妈相信你是一个有勇气、有志气的人。我希望你能用自己的双腿，一直勇敢地走下去，你能做到吗？"

巴雷尼大哭之后接受了现实，他每天都要在妈妈的帮助下练习走路。体育锻炼弥补了巴雷尼残疾的不便，身体残疾后，他更加刻苦学习，最后以优异的成绩考入了维也纳大学医学院，并登上了诺贝尔生理学或医学奖的领奖台。

巴雷尼受到的教育毫无疑问是挫折教育，生活于他是"逆水行舟，不进则退"。在逆境中，巴雷尼表现出了超人的意志力，也付出了超越常人的努力，最终站上了诺贝尔生理学或医学奖的领奖台。

反观现在，很多孩子因为生活太过称心如意，导致抗挫能力较差。这些孩子遇到一点挫折就崩溃大哭，甚至做出一些极端行为，太过"顺风顺水"的生活是不利于孩子成长的。

事实上，孩子的抗挫能力很多时候是被家长"偷"走的。在孩子成长过程中，家长总会下意识地给予孩子帮助和保护，试图将孩子护在羽翼之下，这其实在一定程度上剥夺了孩子接受挫折的权利。比如上学前，孩子的书包由爸妈收拾，上学时，孩子的书包由爷爷奶奶背着，放学后，孩子的书包又到了姥姥姥爷手里……这些小事积少成多，严重影响了孩子的独立能力和适应社会的能力，这种越界的帮助会让孩子产生依赖感，同时也减弱了孩子的生存能力。

在朵朵表现出抗挫能力较弱之后，爸爸带她参加了各种活动。不管是青少年画展、科技展，还是围棋比赛、书法比赛，凡是能开阔朵朵眼界的活动，爸爸都带朵朵去参加了。

起初，朵朵很惊讶这座小小的城市里竟然有这么多比自己优秀的孩子。后来，她慢慢接受了这个现实，不再因为自己的小成就而沾沾自喜，也不再因为考试失利而哭鼻子了。

"朵朵，爸爸发现你最近变化很大，你变得坚强勇敢了，爸爸太为你骄傲了！"爸爸夸赞道。朵朵有些不好意思，笑着躲在妈妈身后不说话。

爸爸趁机说道："我们朵朵要是能再大方一点，勇敢一点，不再当一只躲在妈妈身后的小绵羊就更好啦！加油呀朵朵！"

说完，朵朵一家开心地笑了起来。

第四季《奇葩说》结束时，罗振宇说道："在人的主观世界和客观世界之间有一条沟，你掉进去了，叫挫折；你爬出来了，叫成长。"

朵朵爸爸懂得挫折教育，这不但帮助朵朵磨砺了意志，而且让她开阔了眼界，知道了"人外有人，天外有天"，不必太注重结果和他人的评价。

在孩子的成长过程中，家长如何做才能更好地帮助孩子提升抗挫能力呢？

1. 鼓励孩子不怕挫折，勇于尝试

在日常生活中，尽可能地让孩子自己亲身去体验是很有必要的，切勿事事为孩子包办。中国自古便有"生于忧患,死于安乐"的说法,可见,过于安稳的环境在一定程度上会影响孩子的成长。当孩子想触摸热水时，家长不妨直接告诉他，"这水很烫，烫到会痛，你可以很小心很小心地试试。"当孩子触摸水杯并快速缩回手时，他们便了解了开水以及被烫到的感觉，通过自己的尝试，他们收获了经验，这才是真正的成长。

2. 让孩子学会正视失败

家长要让孩子明白，失败也会让人成长，有时，失败还会让人成长得更快。

很多家长意识不到这一点，他们有的甚至会将错误的信号传递给孩子。比如孩子在算错题时，很多家长会指责孩子，甚至动手打孩子。这时，失败的恐惧就会在孩子内心无限放大，之后，他们会越来越害怕失败，害怕挫折，久而久之，便丧失了自信以及挑战困难的勇气。

所以，比起责骂孩子，家长更应该告诉孩子：失败不可怕，可怕的是我们无法从中获取教训，可怕的是我们被同一块石头绊倒好多次。正视失败，其实也是一种成功。

3. 先肯定孩子，再积极引导孩子去解决问题

很多家长接受不了孩子失败这件事，当孩子因为失败而伤心难过时，他们不但不会安慰孩子，反而会数落孩子。

这种行为是孩子成长教育中的大忌，因为孩子的成长需要肯定。当孩子受挫后，父母需要肯定孩子没问题的一面，先安慰孩子，然后再引

导孩子找出问题所在，在此基础上与孩子共同去探索解决问题的方法。

4. 多带孩子参加活动，开阔孩子眼界与心界

家长要多带孩子参加一些社会活动，这些活动会增长孩子的见识，开阔孩子的眼界。朵朵爸爸带朵朵参观画展、科技展、青少年围棋比赛、书法比赛等活动，让朵朵明白了人外有人，天外有天。当孩子的眼界开阔后，他们的心胸也会变得宽广，这种对世界的客观认识，也更有利于孩子的成长。

不管是学习还是生活，孩子都会遇到各种各样的挫折，这时，家长一定要注意及时引导孩子，努力帮孩子在逆境中闯出一片广阔的天地。

如何一步步提升孩子的抗挫能力

1 鼓励孩子不怕挫折，勇于尝试；

2 让孩子学会正视失败；

3 先肯定孩子，再积极引导孩子去解决问题；

4 多带孩子参加活动，开阔孩子眼界与心界。

第二节　"我就是不想学！"——帮孩子找到学习的乐趣

"我就是不想学！今天就算你打死我，我也不去学校！"乔乔捂着脸大吼道。

原来，今年刚升初一的乔乔在暑假学会了一款手游。暑假期间，他一直捧着手机玩啊玩，还将零花钱全部充进游戏里"买皮肤"。

一开始，爸爸妈妈也没当回事，只觉得孩子放假了，想玩就玩吧。谁知，开学没过一周，老师就在家长群里点名批评了乔乔，因为乔乔不仅偷偷将手机带到了学校，还在上课时偷玩游戏，影响周围同学上课。最严重的是，老师想没收乔乔的手机，乔乔却不耐烦地打了老师的手，说什么"打游戏不能坑队友"。老师非常生气，便让乔乔爸妈将其领回家教育，什么时候教育好了，什么时候再让乔乔回学校上课。

这还得了？把乔乔领回家后，爸妈立刻左右开弓，对乔乔进行了严厉的批评教育。谁知道，乔乔根本不觉得自己有错，反而说自己对学习毫无兴趣，并提出自己不想上学的要求。

乔乔爸爸没忍住，抬手打了乔乔一耳光，乔乔这才崩溃大吼起来。

不知从何时起，不少孩子都讨厌起学习来，尤其是年龄较大的孩子，更是对学习提不起兴趣。

根据调查结果显示，全国中小学生中，有很多孩子对学习有厌恶心理，并认为学习是一件让自己压力很大的事，而且在这项数据中，大部分对学习持敌对态度的孩子都集中在小学五六年级以及初中一二年级。

很多家长都会恨铁不成钢地抱怨，"我家孩子学习一点儿主动性都没有，非得我们逼着他，他才肯学一点""我家孩子一天到晚看漫画，根本不主动看书本"。

可孩子真是天生不爱学习吗？我们不妨回想一下孩子更小的时候。

在他们还是小宝宝的时候，他们眼中充满了光，并且总会不时地转来转去，看到什么都是一脸好奇的样子。不管小手抓到什么，他们都要放到嘴里尝一尝。即便他们不会说话，也会用小手对着好奇的地方一边指指点点，一边发出"嗯、嗯"的声音，希望家长告诉他们，这是杯子，这是树，这是皮球……

随着孩子学会说话，他们总会不断地问周围人，"这是什么""那是什么""天为什么是蓝色的""冬天为什么会下雪"。他们迫切想了解这个世界，想知道这个世界到底是什么样的。然而，为什么从孩子背上书包的那一刻起，他们就慢慢变得不爱学习了呢？难道是家长不重视孩子、不关心孩子吗？当然不是。

事实上，没有哪位家长不为孩子的学习操心。孩子学习成绩不太理想，家长要操心，孩子学习成绩一般，家长要操心，孩子学习成绩很好了，家长还要操心，因为想让孩子更优秀，成绩更稳定……可见，家长一直在重视、关心孩子的学习，可是，成绩的外显性使大家都更关心学习结果，也就是成绩，而慢慢忽视了学习兴趣的培养。

很多家长觉得，自己是过来人，深知学习成绩对人生的影响。为了让孩子有个好前途，为了孩子有能力过上好日子，家长便将期望都放在孩子的成绩上。然而，孩子的天性是游戏，他们中的大多数都不愿成日坐在课桌前一遍遍温书，如果没有好方法，他们又怎么会对学习产生浓厚兴趣呢？

乔乔爸爸打了儿子一巴掌，立刻便后悔了，这样一来，乔乔更不愿意学习了。

正在气氛降到冰点的时候，乔乔的小叔叔来家里串门。小叔叔听说乔乔厌学，笑着说道："傻乔乔，你知道我为什么玩游戏玩得好吗？"乔乔一边抹眼泪，一边摇了摇头。小叔叔说道："因为我数学好啊，我能计算出我的伤害，也能计算出防御塔的伤害，还能计算出暴击概率，所以我游戏玩得好。上个月，我们战队还拿了咱们市网咖联合举办的网游冠军呢。"

乔乔眼睛有了亮光，小叔叔趁机说道："再说了，你知道网游里Double Kill 是什么意思吗？"乔乔点点头："知道，是双杀。"小叔叔笑着说道："那 Your team has reclaimed the crucial kill 呢？"乔乔茫然地摇摇头："耳熟，但是不知道什么意思。"

"你呀，你玩儿游戏就是瞎玩儿，"小叔叔说道，"一点技术含量都没有，还不赶紧去翻翻英语词典，看看这句话啥意思！要是译不出来，明早上学校，问你们英语老师去！"

乔乔痛快地答应了，随即回房翻起英语词典来。

这时，小叔叔又悄悄对乔乔爸爸说道："你看，你把学习跟他感兴趣的东西挂钩，他不就有兴趣学习了吗？"乔乔爸妈笑着冲小叔叔竖起了大拇指。

孔子曾言，"知之者不如好之者，好之者不如乐之者。"这才是学习的真谛。

很多家长信奉"书山有路勤为径，学海无涯苦作舟"，认为学习本身就是一件令人痛苦的事。在家长的无形影响下，孩子也会觉得学习是件累人的事。

试想，如果学习对人们真的毫无吸引力，那么，像牛顿这样的大科学家又怎会在实验室一待就是好几天？像陈景润、华罗庚这样的数学家，又怎能在无数个日日夜夜废寝忘食地坚持演算和研究？是的，正是兴趣让他们沉迷其中，他们体会到了其中的乐趣。所以，作为家长，我们应该努力帮助孩子从学习中获取快乐，帮助孩子找回学习的兴趣，这才是学习最有效的动力。

那么，在学习方面，家长如何帮助孩子呢？

1. 引导孩子运用已学知识解决实际问题，以此激发孩子的学习兴趣

家长要有意识地让孩子体验知识在实际生活中的具体应用，这样，孩子便更有动力去学习，当学会知识并用这些知识解决问题时，他会有成就感，继而产生更强的求知欲。学到的知识越多，可以解决的问题就越多，这会让孩子不断主动地去学习，进而进入一个良性循环的状态。

2. 科学设置难度，通过一次次成功来逐步增强孩子的信心

家长可以根据孩子的认知水平为孩子准备相应难度的学习任务，孩子通过完成一个个与自己能力相匹配的学习任务，学习信心就会逐渐增强，学习兴趣也会更加浓厚。

比如布置题目时，家长可以把难度设在"孩子稍微努力就能解决"的层面上，这样一来，孩子不会因为问题太简单而产生厌烦，也不会因为问题太难而逐渐丧失兴趣。

3. 确认孩子所属的学习风格，帮他找到适合自己的学习方法

每个人的个性特点都不一样，他所属的学习风格也有所不同。有的人天生就喜欢通过声音来学习，属于听觉型学习风格；有的人喜欢视觉图案，属于视觉型学习风格；而有的人则更喜欢亲自动手操作，他们属于操作型学习风格。您的孩子究竟属于哪一种学习风格，要找到答案必须得通过长期观察并不断去尝试，在此基础上帮孩子找到适合自己的学习方法。

4. 引导孩子从错误中学习经验，乐观地面对错误或失败

这一点对于孩子的成长至关重要。很多时候，由于我们的批评，孩子对犯错会变得很敏感，觉得自己犯了错就意味着自己很糟糕，甚至会为了不犯错而放弃尝试。但仔细想想，到底是什么成就了现在的我们？是一次次的错误或失败。有失败才有经验教训，正是从失败中总结的经验教训让我们做得更好。

所以在孩子的成长过程中，家长要引导孩子平和地去面对错误，鼓

励他不要逃避，要乐于从失败中反思经验教训，更重要的是，不要因为害怕犯错而不敢尝试。

5. 努力帮孩子找到自己擅长的领域

当孩子在某一方面表现出特殊天分，或对某一领域非常感兴趣时，家长要及时捕捉孩子的兴趣点，顺势引导孩子，这样才能帮助孩子挖掘天分，进而找到他擅长的领域。孩子在自己的领域会更容易找到自信，另外，它也会成为孩子学习外的第二寄托，它在一定程度上可以平衡孩子的学习与生活，从而减缓孩子对学习的厌恶情绪。

总之，成功的体验对孩子的成长至关重要，学习也是如此，如果孩子一直都体验不到成功，如果家长很少或从不鼓励孩子，总觉得孩子学习太差，那孩子便很容易对学习产生厌烦。在陪伴孩子这条路上，家长要做好打持久战的准备，既要有耐心和信心，同时也要加倍用心，这样坚持下去，相信终究有一天会找到一条适合孩子的成长之路。

5步让孩子自己喜欢上学习

1 建立起知识与实际生活的联系，以此激发孩子的学习兴趣；

2 科学设置难度，通过一次次成功来逐步增强孩子的信心；

3 观察孩子的个性特点，帮他找到适合自己的学习方法；

4 引导孩子从错误中学习经验，乐观地面对错误；

5 努力帮孩子找到自己擅长的领域。

第三节 "我不喜欢老师"——告诉孩子人无完人，学习是自己的事

"你学习是给我学的吗？你说呀？"教室里，英语老师当众批评小萱。

原来，小萱在英语课上不听课做英语作业被发现了。老师生气地批评小萱，小萱却反驳："我在英语课上做英语作业，又不是做数学作业，这都不行？"

英语老师更加生气："作业是课上做的吗？那是让你回家做的！"小萱更委屈了："您的作业太多了，我晚上做不完，只能上课做了。"老师一拍桌子："什么叫我的作业？你作业是给我做的吗？"小萱不吱声了，英语老师越说越生气，这才出现了开头那一幕。

晚上回家，妈妈已经从老师那儿听说了小萱上课做作业的事。她语重心长地说道："小萱，妈妈不是给你报晚托班了吗，为什么不在晚托班写作业呢？"

小萱委屈地说道："妈妈，我不喜欢英语老师，我根本不想听她的课，还不如做做作业，不然上课时间不就浪费掉了吗？"

妈妈严肃地说："学习是给自己学的，又不是给老师学。你上课时不好好听课，这样又怎能完成好课后作业呢？"小萱撇撇嘴不吭声了。

不管是老师还是家长，都习惯将"你学习不是给我学的"挂在嘴边，这句话背后隐藏了大人对孩子"恨铁不成钢"的心理，他们之所以这么说，是为了让孩子明白，学习是自己的事，不好好学习，最后吃亏的只能是自己。可是，面对父母或老师的说教，很少有孩子真正理解其中的含义，当然，他们也不知道后果的严重性。每当家长或老师说出这句话时，很多孩子都会暗想，"既然学习是我自己的事，那我不想学了不行吗？""既然学习是我自己的事，那你们就没权利管我"。

当家长或老师简单地用一句"学习是你自己的事"去教育孩子时，孩子反而会觉得"爸妈和老师又在强迫我学习"，由此可见，这些孩子根本不明白学习的意义和目的，在这种情况下，孩子"因为某个老师而讨厌该学科"的幼稚行为就不难理解了。

那么，孩子到底为什么会对老师产生抵触心理？

这里不得不提心理学上的一个专有名词"晕轮效应"，它又被称为"成见效应""光圈效应"，是指在人际交往中所形成的以点概面或以偏概全的主观印象。具体来讲，是指在实际交往中，人们往往容易因为对方的某个突出特点而掩盖其其他品质和特点，进而对对方产生片面认识。生活中我们很容易因为晕轮效应而喜欢一个人或者排斥一个人。孩子对老师的喜欢或者抵触也与晕轮效应有关。

那么孩子到底是从什么时候开始对老师产生抵触心理的呢？往往是

从某一件小事或者一句话开始的。

英语老师当众教训了小萱一顿，又向小萱妈妈告了状，这回，小萱可算是跟英语老师"结下梁子"了。

英语课上，小萱故意表现出心不在焉的样子，英语老师讲课时，她还会时不时露出冷笑，或者故意看着窗外不听讲。

很快，期中考试到了，平时能考90多分的小萱，这次的英文成绩只有61分。英语老师白了小萱一眼，没有搭理她，小萱也白了英语老师一眼，心里暗想："哼，不管我更好！"

回到家后，妈妈看着小萱惨不忍睹的英语成绩很生气，但又想，小萱一直都是个乖巧老实的孩子，现在怎么会如此抵触英语老师呢？妈妈决定跟小萱促膝长谈一番。

妈妈问道："小萱，你不是一直想当翻译吗？英语不好可怎么行？"

小萱生气地说道："可我就是不喜欢英语老师。"

妈妈追问："你对老师有情绪，妈妈理解你的情绪，但你为什么会不喜欢英语老师呢？你是从什么时候开始，或者是哪件事让你不喜欢老师的呢？"

小萱想了想，说道："英语老师不喜欢我，她瞧不起我。"

妈妈问："你是怎么感觉到的呢？"

小萱说："她对我说过我考不上重点高中。"

妈妈又追问道："老师是在什么情况下说的呢？"

小萱仔细回忆了一下，告诉妈妈："有一次上课，我和同学小声说话被老师发现了，之后……"

说完后，小萱沉默了好一会儿，又对妈妈说道："妈妈，其实我也有问题。"

在妈妈的引导下，孩子发现了自己的问题。

此时妈妈又耐心地对小萱说："你能意识到自己的问题，妈妈感到很欣慰。妈妈想说的是，老师也是人，人无完人，是人就有情绪，当他遇到烦心事的时候也可能会说一些重话，此时你应该尽量冷静下来，好好思考下自己的行为以及老师的用心，理智地去分析问题，而不应该硬碰硬，甚至因为老师而放弃学习和梦想。"

小萱默默地点了点头。

很多孩子都觉得，不好好学习是在惩罚父母、惩罚老师。他们觉得，自己不好好学习会让家长、老师头痛，可事实上，不好好学习，最大的受害者是自己。

面对孩子对老师的叛逆行为，家长该如何陪伴和引导孩子呢？

1. 首先，父母在谈论老师时要注意自己的语言

我们前面提到晕轮效应，其实，除了自己和对方外的第三者对对方的评价也会产生强化作用，进而强化晕轮效应。也就是说，如果父母对老师有偏见，在孩子面前总对老师进行负面评价，那么孩子对老师的抵触情绪便会进一步加强，从长远来看，这对孩子的成长是非常不利的。日常生活中，父母在孩子面前谈论老师时一定要注意自己的语言，因为这些话语会无意间影响到孩子对老师的看法，进而影响孩子的学习与生活。

2. 引导孩子换个角度认识老师

在孩子的成长过程中会遇到很多老师和同学，这些人中有的是自己喜欢的，有的是自己不喜欢的，同时，有的老师或同学和自己特别投缘，他们很喜欢自己，而有的却和自己距离有点疏远，这都是很正常的。这些人或多或少都会影响孩子的生活。

当某一位老师影响到孩子时，我们可以告诉孩子，老师其实也是一个很普通的人，他有自己的情绪，他也会偶尔愤怒，甚至出现一些不理智的行为。当他言语比较激烈时，我们要尽量理智去面对，不能因为老师有情绪而自己也情绪大发，这不是解决问题的方法，我们要为自己负责，包括自己的行为和情绪。

3. 引导孩子认识自己和老师的关系，与孩子讨论学习的意义和目的

家长还应该引导孩子认识自己和老师之间的关系。传授知识是老师的具体工作，而学生是接受知识的人，我们需要通过向老师学习知识来获取生活的本领，这是我们的目标，也是我们学习的意义和目的。当某一位老师行为或情绪出现问题时，那是他的问题，而我们只要去接受自己需要的知识就可以了，这样在一定程度上会降低孩子对老师的抵触情绪。

当孩子不喜欢老师时，家长应该引导孩子接受老师也是普通人这样一个事实，接受老师的平凡，多去看老师的优点，一步步将孩子从"晕轮"的怪圈中引导出来，这样才能更好地帮助孩子成长。

4. 巧妙化解孩子和任课老师之间的矛盾

案例中，小萱妈妈可以这样化解孩子和英语老师的矛盾。妈妈可以

这样告诉小萱："英语老师没有说你不好，她反而说你是一个很聪明的孩子，如果你愿意努力，肯定能考到全班前三名。妈妈也相信你们英语老师的判断，相信你有这个能力做得更好。"如此一来，小萱内心一定会很震撼。

老师没有批评小萱，妈妈也没有责骂自己，小萱感受到了大家对自己的希望，为了不辜负大家的期望，也为了证明自己，小萱更不容易放弃学习。当小萱成绩上来后，妈妈再耐心引导，潜移默化地让小萱明白，学习是自己的事，自己要对学习负责。

面对孩子对老师的叛逆行为，我们可以这样引导

① "坏"老师 不务正业 敷衍了事 玩忽职守

② 老师也是人，人就是有人情绪。

③ English hello! Hi 我要向老师学知识，长本领。

④ 老师没说你不好，她说你是一个聪明的孩子。

1 父母在谈论老师时要注意自己的语言；

2 引导孩子换个角度认识老师；

3 引导孩子认识自己和老师的关系，与孩子讨论学习的意义和目的；

4 巧妙化解孩子和任课老师之间的矛盾。

第四节 "谁报的班，谁去上！"——报兴趣班前要跟孩子多商量

最近，12岁的甜甜不堪其扰，终于跟爷爷奶奶"决裂"了。

由于父母长期在外地工作，甜甜从小便和爷爷奶奶共同生活，由爷爷奶奶全权照顾。看着周围许多孩子都报了各种兴趣班，怕"耽误"孩子，于是爷爷奶奶也给甜甜报了很多兴趣班，舞蹈班、书法班、声乐班、阅读班、钢琴班。由于甜甜每日奔波在各个兴趣班中，她发育不如同龄人，又瘦又矮，还戴上了深度近视眼镜。最近，甜甜觉得头痛不已，成绩也下降了很多。可是，一到晚上，她就兴奋异常，满脑子都是各个兴趣班的事，根本无法入睡。

一天，爷爷拿着一张跆拳道兴趣班的宣传单，兴奋地说道："甜甜，爷爷给你报了一个跆拳道班，女孩子学跆拳道可以更好地保护自己。"

甜甜大吼道："我哪还有时间学什么跆拳道啊！我从早上六点半起床，一直到晚上十点才到家，你们还让不让我活了？"

"你这孩子，怎么跟爷爷说话的！这孩子，我们没法儿看了！"奶奶生气地说道，她立马给甜甜的爸爸妈妈打了电话，"你们赶紧把孩子带

走吧！成天跟我们顶嘴，我们没法儿看了！"

很多家长为了不让孩子输在起跑线上，都会替孩子做主，盲目跟风为孩子报很多班。

例子中，甜甜的爷爷奶奶为了不让孙女输在起跑线上，给她报了超负荷的兴趣班，导致甜甜发育缓慢，深度近视，失眠头痛，成绩下降。她已经患上了"兴趣班综合症"，可是，甜甜的爷爷奶奶却懵然未觉。"兴趣班综合症"会让孩子产生厌倦、焦虑、紧张、逃避、烦躁等情绪障碍。在家长看来，孩子是逃避，是叛逆，可在孩子看来，他们只是想喘口气。

现如今，家长都普遍重视孩子的教育，这本没错，但如果掺杂过多的功利心，那么很容易对孩子的身心造成伤害，长此以往，对孩子的成长非常不利。很多家长在给孩子报兴趣班时存在下面问题：

1. 攀比心与虚荣心作祟，在给孩子报班时具有盲目性

很多家长给孩子报兴趣班都是因为"周围孩子基本都报了，我家孩子不报就输了""想让孩子在人前有一项能拿得出手的本事"。其实，不管是攀比心理也好，虚荣心作祟也罢，家长在没有征求孩子意见，一厢情愿地给孩子报了兴趣班后，孩子很容易因为自己自由活动时间缺少等原因而对兴趣班产生抵触心理，继而患上"兴趣班综合症"，做出一系列叛逆行为。

2. 为了让孩子"加分"，为了让孩子成为"特长生"，给孩子报很多需要过级、比赛的兴趣班

俗话说："父母之爱子，则为之计深远。"现如今，不管出于何种原因,很多父母都选择通过多报兴趣班的方式来为孩子"谋划"未来。可是,这些常需要考试、过级、比赛的兴趣班不但会占用孩子大量休息与玩耍的时间,还会增加孩子的身心压力,让孩子喘不过气来。

接到奶奶电话,甜甜爸爸妈妈赶紧从外地赶了回来。半年不见甜甜,甜甜的变化简直让爸妈心痛不已。奶奶在一旁喋喋不休地诉说着甜甜的"罪状",甜甜爸爸生气地打断了奶奶:"妈,您别说了,您看把孩子折腾的!"奶奶生气地说道:"甜甜顶嘴,你也跟我顶嘴,我跟爷爷拿退休金供她上兴趣班,每天接送她上下学,没有功劳也有苦劳吧,现在你们一个个全跟我顶嘴!"爸爸闻言放缓了态度:"妈,您帮我们带甜甜,我们很感激您,但您跟爸给甜甜报兴趣班之前,征求过甜甜的意见吗?""小孩子能有什么意见,我们还不是为了她好。"爷爷沉声道。爸爸叹了口气,说道:"好了,爸、妈,过去的事就算了,你们俩现在把甜甜的所有兴趣班全部退掉。以后,除非甜甜主动说想报兴趣班,不然不许私自给她报班。"爷爷奶奶撇撇嘴,没吭声。甜甜欢呼一声搂住了爸爸的脖子:"耶!爸爸万岁!我终于能睡个好觉了!"

其实,给孩子报兴趣班本没错,科学给孩子报班可以培养孩子的兴趣,陶冶孩子的情操,但盲目跟风是万万不行的。那么在给孩子报兴趣班这件事上,父母应该注意哪些问题呢?

1.给孩子报兴趣班前,家长要跟孩子商量后再做决定

例子中,甜甜的爷爷奶奶就是忽略了孙女的感受,按照自己的想法

去给甜甜报兴趣班的。可是，爷爷奶奶的"好意"却让孙女成了"兴趣班综合症"的受害者。可见，家长为孩子报兴趣班一定要顺其自然，不要独断专行，不要认为不上兴趣班孩子就被耽误了。

事实上，这一代孩子的学习方式和学习资源远比家长所知的要更多。他们可以通过参观博物馆、去图书馆、去科技馆、上网查阅资料等方式去学习，也可以参加学校、社区组织的各种社团，孩子从这些渠道获取的东西未必就比上兴趣班效果差。

2. 孩子的课外兴趣班要适量

家长在给孩子选择兴趣班时，应该尽量符合孩子的个性发展，迎合孩子的兴趣，并且占用时间不要过多。在陪伴孩子过程中，家长要用心观察孩子，努力找到孩子的兴趣，在此基础上为孩子选择 1~2 个孩子自己喜欢的兴趣班即可，报的科目太多，反而不利于孩子自身的探索和发展。

3. 不要苛求那些过级、比赛和提供获奖证书的兴趣班

对孩子来说，真正对成长有益的不是过级，也不是获得奖状、证书，而是要开发潜能，开发智力。很多家长喜欢给孩子报那些过级、比赛和提供获奖证书的兴趣班，殊不知这些兴趣班在一定程度上会给孩子带来很大的心理压力，让孩子处于紧张和焦虑状态。

近年来，教育部门不断号召给中小学生减负，为的就是让孩子能够健康成长。在是否要报班以及报什么班上，家长要多留意观察孩子的兴趣和特长，并积极听取孩子的意见，毕竟针对孩子的个性及兴趣喜好进行选择，这才是科学的教育态度与教育方法。

抱着这样的心理为孩子报兴趣班问题大

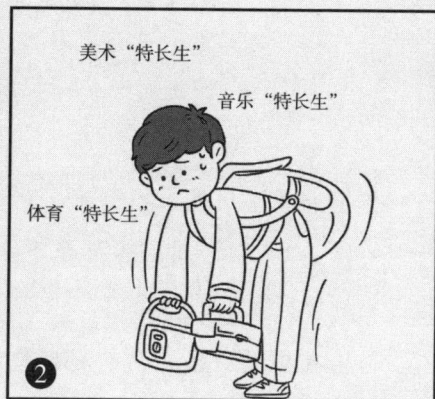

1 在攀比心和虚荣心的作用下盲目给孩子报班；

2 为了让孩子"加分"，为了让孩子成为"特长生"，给孩子报很多需要过级、比赛的兴趣班。

第五节 "考试，谁不抄？"——告诉孩子，即便考不好也不会被责备

　　爸爸揪着小川耳朵回到家："好小子，还学会作弊了！今天我非打断你的腿不可！"小川一边捂着耳朵一边喊道："考试，谁不抄！只是我运气不好被抓住了！"

　　爸爸气得说不出话，抄起扫帚就要打，妈妈赶紧拦了下来："有什么事儿就说，别动手打孩子，你打他能解决什么问题！"奶奶也在一旁帮腔："是呀，我们得赶紧想办法，看看能不能让学校不记档案不记过，可不能耽误孩子考初中啊。"

　　妈妈对小川说道："我跟你爸从来没因为成绩批评过你吧？你怎么突然想到作弊了？"小川小声嘀咕道："现在谁不抄啊。上次考试，小旭和小光靠作弊考了80分，不仅老师表扬了他俩，他俩家里还给涨了零花钱。这次是我运气不好被抓到了，下次不被抓到就没事了。"

　　妈妈说道："作弊是不诚信的表现，你平时做了多少努力，考试就该考多少分。即便你考不好，我跟你爸也不会责备你的。可是，这次是你做错了，你就应该受到惩罚。你受到惩罚，不是因为你作弊被抓到，

而是因为你的作弊行为本身就不对，这点你记好了。"

小川一脸不服气地说道："凭什么大家都抄，只有我不能抄？大家都抄上去，我不就成倒数第一了吗?！"妈妈严肃地说道："你凭自己能力考试，即便真考倒数第一，我们也不会责备你，只会跟你一起想办法把成绩提上去。为了惩罚你作弊，以后你每次考完试，回家都要在我或爸爸的监督下重新做张新卷子，如果分数相差太大，还有重罚。"

作弊是一种不诚信、不道德的行为，也是窃取别人劳动果实的可耻行为。当孩子出现作弊行为时，家长要引导孩子正确认识这一行为，让孩子真正认识到作弊的危害。

比如家长可以这样引导孩子，"你考试作弊的时候肯定会紧张不安，也会产生焦虑，这种情绪会影响你接下来的答题，本该答对的题目也可能会因此而出错。而且一旦作弊失败，你就会产生失望、羞愧等不良情绪，这不但会影响你下一科考试，也会一定程度上让你今后的人生蒙上灰尘。事实上，就算你考试作弊考了高分，这个分数也不属于你。考试是为了检验自己上一阶段的学习效果的，而非让每一个孩子都考高分。"

小川爸爸的行为肯定是不妥的，他的暴力行为会让孩子更加逆反。孩子在受到暴力对待时，他们不会反思自己的错误，只会产生负面情绪，所以，当孩子在成长过程中出现问题时，对孩子付诸暴力是非常不好的一种教育方式。这种方式非但从根本上解决不了问题，而且还会让亲子关系更加疏远。

同样，有些父母在得知孩子作弊后忍着不生气，反而和善地对孩子说，"你看，你这样是不对的，爸爸妈妈希望你以后不要这样了。"这种语气会让孩子觉得，"作弊没什么大不了的，爸妈轻飘飘就带过了。"父母这样做，孩子表面上可能会顺从父母，但他们内心却并不会对自己的问题引起足够重视。

小川奶奶的行为则更加错误，她对孩子作弊有一种害怕心理，担心这个错误会影响到孩子的美好前途。于是，她会千方百计地要求别人抹去孩子的错误，假装一切都没发生过。这样的教育方式会让孩子有恃无恐，觉得自己不管犯什么错都会有人为自己兜底，那么，他以后的行为会变本加厉。

孩子利用作弊考取高分数，就等同于利用欺骗手段达成目的。那么，当孩子出现作弊行为时，家长应该如何引导孩子呢？

1. 发现孩子作弊后，父母先不要发怒和指责孩子

例子中，小川爸爸就是一个很容易愤怒的人，他知道孩子犯了原则性错误，于是想用"打孩子一顿"的方法，让孩子不再犯类似错误。其实，正如前面分析的那样，如果父母劈头盖脸指责孩子一顿，孩子反而会产生逆反心理，甚至会为了与父母对着干而故意继续作弊。

当家长发现孩子作弊后，应该心平气和地了解情况，如果孩子有不得已的苦衷，家长应当给出建议和意见，帮助孩子走出困境；如果孩子只是为了考高分而作弊，那么家长应该严肃与孩子长谈，让他们知道作弊行为的恶劣，并给予一定的惩罚。

需要注意的是，有些孩子在犯错后是知道问题严重性的，他们的心情原本就紧张焦虑，内心也一直在和自己做思想斗争要不要告诉父母。

当孩子勇敢地告诉父母"对不起，爸妈，我考试作弊了"时，家长一定要冷静，一定不要对孩子恶语相向，否则会加重孩子的内疚心，严重的还可能会引发无可挽回的悲剧。

2. 父母要与孩子深入沟通作弊原因

当孩子出现作弊行为后，家长一定要与孩子沟通作弊原因，比如"是考试题目难度大吗""是担心考不好被批评吗""是因为考得好有奖励吗""是被别的同学要求传答案吗"等。

如果孩子的回答是"考试题目难度大"，那家长可以告诉他"题目难，你做不上来，那别人也可能做不上来呀，而且对方的答案也不一定是对的""不会做也没关系，考试就是为了查缺补漏，通过考试找到自己的知识漏洞，这是好事。只要努力把这些漏洞补起来，下次就不会再出现类似的问题了。当你所有的漏洞都补起来后，成绩自然不会差"。

如果孩子的回答是"担心考不好被批评"，那家长需要自己做检讨，不要用成绩来衡量孩子是否优秀。

如果孩子的回答是"因为考得好有奖励"，那家长需要告诉孩子奖励的含义，并让孩子明白，只有靠自己能力取得的奖品才是有价值的。

如果孩子的回答是"被别的同学要求传答案"，那家长需要教会孩子拒绝，也需要引导并告诉孩子什么样的朋友才是真正的朋友。

孩子犯错并不可怕，重要的是我们要积极引导孩子认识错误，并帮助孩子不再犯同样的错。在日常生活中，家长应该教育孩子以平常心对待考试，并告诉孩子学习和考试的意义，这样才更有助于孩子的成长。

当孩子有作弊行为时，我们可以这样做

1 发现孩子作弊后，父母先不要发怒和指责孩子；
2 父母要与孩子深入沟通作弊原因。

第八章

畸形消费
——引导孩子形成正确的
价值观和消费观

第一节 "我就要苹果手机！"——引导孩子由外在价值转向内在价值

"妈，给我买部手机。"鑫鑫坐在沙发上，头也不抬地说道。

妈妈很奇怪："你们学校不是不让带手机吗？再说，你用我那部旧手机不行吗？"

鑫鑫不耐烦地说道："就你那部破手机，我都不好意思拿出来，开局游戏都卡得要死。你给我买部苹果手机吧，我们班同学几乎用的全是苹果。"

妈妈忍住脾气，说道："你爸用的是苹果 XR，你用他那部吧，让你爸用我那部旧的。"

"哎呀！我不要旧苹果手机，让同学看了多没面子！"鑫鑫大发雷霆，"我就要最新款！你赶紧给我买一部，要不我在同学面前根本抬不起头来！"

妈妈实在忍不住了："最新款？！一部最新款的苹果手机要八九千呢！你爸一个月工资都没了，没可能！就我那部旧手机，你爱用就用，不用拉倒！"

听完妈妈的话，鑫鑫站起来威胁妈妈："我就要苹果手机！不给我买，我明天就不去上学！"随后，鑫鑫怒气冲冲地回了房间。

鑫鑫不顾家庭情况，只因贪慕虚荣便用不上学来威胁妈妈买苹果手机，鑫鑫这种行为不仅在消费观上存在问题，而且在价值观上也存在严重问题。

现实生活中，其实像鑫鑫一样的孩子还有很多，有的孩子为了过生日要面子，拿着家里的钱大肆挥霍；为了满足自己的虚荣心，有的孩子甚至偷拿父母的钱。

随着生活水平的提高，很多孩子要求买名牌电子产品、名牌衣服、鞋子，并且理由是同学们都有，作为家长该不该满足孩子的要求呢？

有的家长担心孩子会因为与他人不同而受到同学的区别对待，于是在家庭条件允许的情况下能满足孩子就满足；有的家长又担心这样一直下去，时间长了，孩子会不会产生严重的攀比心理，在与别人的攀比中迷失自我，影响学习与生活。家长的这些想法都有一定的道理。

其实要想从根源上解决问题，首先我们应该弄清楚是什么让孩子有了攀比之心？孩子攀比心理背后的需求到底是什么？

1. 孩子之所以会产生攀比心理，很大程度上与自身的认知水平有关

孩子尚处于成长过程中，对事物的认知很有限，很多时候都只是在模仿，这时候外在环境对孩子的成长影响很大，周边同学在穿什么衣服，使用什么手机等，这些都会影响孩子。

2. "装扮"外在可以让自己更自信

有些孩子家庭条件不太好，内心不够自信。为了让大家能看得起自己，他便想让自己外在更光鲜，比如穿一些名牌服饰、用苹果手机等，借助外在的力量来增强自信。

3. 孩子渴望得到别人的关注和认同，这会让自己内心很满足

随着孩子步入青春期，他的自我意识和表现欲逐步增强，漂亮的衣服、最新款的电子设备都能收获别人羡慕的眼光，获得别人的关注，这种感觉会让孩子内心很满足。

希望得到别人的关注和认同，孩子的这种想法是可以理解的，但如果过分执着于外在，比如与他人攀比名牌服饰、电子装备，而不注重内在价值，比如优秀品质、出众的个人能力，那么就会对孩子的成长造成严重影响，长此以往，孩子内心可能会过分依赖外界，变得浮夸，甚至产生嫉妒心理。

对于孩子的盲目攀比行为，家长应该如何引导呢?

1. 引导孩子理性消费

当孩子提出一个需求时，如果家长觉得不合理，千万不要粗暴拒绝，而应该心平气和地帮助孩子去分析，比如这些需求是否是自己真正需要的，购买这些东西会对自己有哪些实质性帮助，在此基础上决定是否要购买。

比如案例中的鑫鑫想要拥有一部手机，妈妈可以这样给鑫鑫分析："手机方便了你和同学老师更好地沟通，有了手机，你也可以上网查阅资料辅助学习，提升学习效率，妈妈也觉得应该为你配一部。"

除此之外还要结合家庭实际经济情况去理性消费。还是鑫鑫的例子，妈妈可以在上面分析的基础上继续补充："你应该拥有一部手机，但最新款的苹果手机太过昂贵，咱们家的经济情况实在承担不起这么昂贵的消费。商品是为人服务的，我们用的主要是它的功能，市面上普通的智能手机完全可以满足你学习与交流的需求，并不一定非得是苹果手机。买一部普通智能手机不需要七八千，省下来的钱咱们还可以买其他有用的书或物品，这样消费咱们的钱才花得更有价值。"

这样引导孩子，在能力范围内满足孩子合理的物质需求，孩子才更有利于形成正确的消费观。

2. 引导孩子将外在价值转向内在价值

很多孩子之所以会攀比，是因为他们还小，认知能力还未发展完善，受外界环境影响较大，所以比起内在，他们会更多地关注外在，以此博得别人的认同和关注。对此，家长不应该粗暴地拒绝孩子或者一味地满足孩子的外在需求，而应该引导孩子将外在价值转向内在价值，尽可能地丰富孩子的内在，让孩子的精神世界不断丰富起来。

家长应该告诉孩子，外在价值，比如与他人攀比名牌服饰、电子装备等，它停留在表面，缺乏持久性；内在价值，比如优秀品质、出众的个人才能、健康的体魄等，它们能帮助我们成就美好的未来，它们更具有力量和持久性，是外在物质远不能相比的。

所以，比起物质上的无限满足，家长更应该从精神上富养孩子。一个精神富足的孩子，不论他的物质条件如何，他都会内心知足，并且自信而快乐。

育子秘籍

对于孩子的盲目攀比行为，家长可以这样引导

1 引导孩子理性消费；
2 引导孩子由外在价值转向内在价值。

第二节　"我就要为'爱豆'花钱打榜！"——不诋毁孩子的偶像，引导孩子追求内涵

"她是个什么东西？我跟你爸辛辛苦苦赚来的血汗钱，你去打赏给她？"小亮妈妈愤怒地扬起巴掌，却没舍得打下去。

"她怎么了？她是我偶像。"小亮梗着脖子说道，"再说了，我打赏给她的钱是我的零花钱，那是我自己的钱！"

面对妈妈的质问，小亮一直没吭声，直到妈妈说话越来越难听，小亮终于恼羞成怒地开了口。听了小亮的话后，妈妈更加生气了。

"你赚钱了吗？还你的钱？！小小年纪不学好，学人家打赏女主播，这女的一看就不是什么好东西！穿那么少在镜头前扭来扭去的，要不要脸？你还学人家打赏她，你充什么大款啊！小小年纪也不知道跟谁学的，我怎么会有你这么不争气的儿子！"小亮妈妈气急败坏地说道，一旁的小亮既委屈又生气。

一时间，家中的气氛跌落到了冰点。

孩子出现"打赏主播""花钱打榜"等问题时，很多家长第一反应

都是"完了，孩子误入歧途了！"

事实上，很多孩子都有自己喜欢的偶像，他们被偶像身上的某个闪光点所吸引，这本无对错之分，只要把握好度，在不影响自己学习和生活的前提下追星，这是完全没有问题的。但有的孩子把握不好尺度，盲目、冲动追星，最终严重影响了自己的生活，这样问题就比较严重了。

我们可以将孩子的"追星行为"分成两种，一种是不太严重的行为，另一种是比较严重的行为，而区分严重与否的标准，则是看孩子的"追星行为"对学习和生活造成了多大影响。

如果孩子的"追星行为"只停留在"休闲时间听听歌""买两张海报"上，那家长大可不必一副"如临大敌"的样子，看到这里就可以停止了。

但如果孩子的"追星行为"已经严重影响了学习和生活，如"逃课去听演唱会""偷钱打赏主播"等，那家长就要引起重视了。面对孩子的冲动行为，家长应该如何引导孩子呢？可以从下面几方面着手。

第一步，在与孩子沟通时，家长要先认同孩子"爱豆"的优点。

无论对方是主播也好，网红也好，歌星也罢，既然是孩子的偶像，那他肯定有闪光点存在。有些家长认为，只有"会弹钢琴""英语八级""奥数冠军"等才算闪光点，可在孩子眼中，"身材好""幽默""会跳街舞""会打篮球""唱歌好听""会玩魔方"等都是闪光点。所以，家长一定要搞清楚，到底是偶像的哪一点吸引了孩子。

而且，在与孩子达成初步统一后，家长可以以询问的方式引发孩子对"偶像"进行思考。孩子小时候，很多家长都会用询问的方式来引起孩子的兴趣，或引发孩子去思考，比如"告诉妈妈，这首诗的作者是谁啊""苏轼是南宋诗人还是北宋诗人啊"。孩子长大后，对于很多问题，我们同样可以以虚心请教、平等沟通的口吻引导孩子自己去思考。

晓旭最近迷上了男团，她开始疯狂收集男团的海报，甚至大量购买这个男团代言的饼干，尽管她对麦麸过敏，根本不能吃这款饼干！

爸爸觉得晓旭简直中毒了，可妈妈却没有生气，而是心平气和地问道："宝贝，妈妈年轻的时候也追过一个叫'小虎队'的组合，因为我觉得小虎队中的三只'小虎'都又帅又有型，你能告诉妈妈你为什么会喜欢这个男团组合吗？"

晓旭想了想，说道："一开始，我只是喜欢其中一个人。后来，我发现他们每个人都有自己的魅力。男 A 性格冷酷，但很喜欢小动物；男 B 很阳光，很乐观，笑起来很好看；男 C 很帅，特别特别帅……后来我就沉迷了，想每天都看到他们！"

妈妈说道："听上去挺不错的，有他们的视频吗？妈妈也想看看晓旭的偶像有多好。"晓旭立刻拿出平板，跟妈妈分享起自己的偶像来。

晓旭妈妈的方法很巧妙，她先承认了孩子偶像的优点，这样就能更好地进行下面的引导与对话。如果像小亮妈妈一样，一开始就拼命否定孩子偶像，并劈头盖脸地训斥孩子一顿，那孩子即便知道自己错了，也会因为"自我保护心理"而选择与父母顶嘴、对抗，最后造成更加严重的叛逆问题。

第二步，认同孩子"爱豆"的优点后，家长要帮孩子"分散"注意力。

孩子之所以会追星，是因为他们被明星的某个优点吸引了。一般对成人来说，明星"做慈善""爱国"等行为是值得被追捧的主要原因，可对很多孩子来说，"帅气""漂亮"才是偶像真正吸引自己的地方。这时，家长不要急着批评孩子肤浅，而是要让孩子认识到，这个世界上有很多人不仅长相帅气漂亮，而且十分有内涵。家长要尽量不着痕迹地让孩子明白内涵要比外貌更具震撼力。

还是用晓旭的例子。

妈妈听晓旭如数家珍地讲完这个男团的优点后，好奇地问道："你说这个男C长得帅，我觉得另一个男团的男F长得也挺帅啊，这个男C除了长得帅还有什么其他优点吗？"

晓旭毫不犹豫地说道："男C特别努力，而且他家庭条件不好，他是为了赚钱照顾父母才到处演出的，我觉得他特别孝顺，是个很好的明星！"

爸爸在一旁说道："没想到这个明星还有点儿能耐啊。"

妈妈白了爸爸一眼，转头对晓旭说道："对了，晓旭，妈妈给你看张照片。"说完，妈妈拿出手机给晓旭看，接着问道："晓旭，你知道他是谁吗？你认识哦！"

晓旭摇摇头："我肯定不认识。"

妈妈笑着说道："他就是周恩来总理。"

"啊？真的吗？周恩来总理真的好帅呀。"晓旭说道。

妈妈说道："周总理的成就，远远超过了外貌所带来的优势。当一个人成就和光芒足够耀眼时，大家就会不自觉地被他的成就深深吸引。"

晓旭若有所思地点了点头。

其实，除了光鲜外表，孩子也会看到明星的其他闪光点。正如孩子在电影院观赏影片会因为感人的故事情节而不自觉地落泪一样，他们会因为靓丽的外表而不自觉地去追捧明星，却并一定长期执着于肤浅的表面。就像晓旭一样，除了光鲜的外表外，晓旭也看到了自己偶像身上勤奋的特质。

所以，我们要耐心地引导孩子发现深层次的美，要开阔孩子的眼界，这样，当孩子面对具体的人或事物时，才会更加理智，比如理智追星，也才能真正意义上告别畸形消费。

第三步，引导孩子将追星行为迁移到自身学习、兴趣爱好等具体事情上。

家长给予适当的引导后，孩子都会或多或少思考家长的观点是否正确。这时，我们可以利用一个合适的契机将孩子的追星行为引向学习、自身兴趣爱好等与个人成长紧密相关的方面。

比如当得知孩子喜欢舞蹈功底强的男团、女团，并为他们花费了大量金钱，而孩子又特别喜欢或擅长舞蹈时，家长就可以朝男团、女团刻苦练习舞蹈方向去引导孩子，告诉孩子，正是他们的刻苦努力换来了现在的成功，以此引导孩子在自己学习舞蹈时也要勤加苦练。

再比如孩子喜欢歌手，家长就可以启发孩子去思考——"为什么他能从普通人变成明星，他都经历了哪些重要的事情"，在此基础上与孩子进行深入讨论。事实上，当孩子将"追星"与"学习""兴趣"等与自己相关的实际生活挂钩时，他们对偶像的盲目追求就会减少很多，这也是家长引导孩子理性追星的好方法。

有些家长一听孩子追星便如临大敌，当得知孩子把钱花在明星身上后，更是会极力反对孩子追星，这其实完全没有必要。我见过一些家长，他们为了阻止孩子喜欢某个明星，不惜对该明星进行人身攻击，以求孩子擦亮双眼。可是，这样做非但解决不了问题，反而会让孩子觉得"我跟爸妈真的没话好说"。

还有一些家长，在孩子刚显露出追星端倪时，就迫不及待地命令孩子"不许继续追星"。可是，家长这样做只能把孩子推得更远。孩子会觉得，"家长不理解我，我好苦闷，还好有偶像能抚慰我的心灵"。

孩子的心就像一捧晶莹剔透的流沙，家长抓得越紧，流沙便越会从指缝中溜走。聪明的父母懂得引导孩子，而不是掌控孩子——他们除了会冷静地引导孩子外，还会在特殊的日子，送孩子一些关于偶像的礼物，比如演唱会门票等，这样一来，孩子会感受到家长的理解，也会更理智地处理追星与学习、生活之间的关系。

孩子为偶像花钱打榜，我们可以这样引导

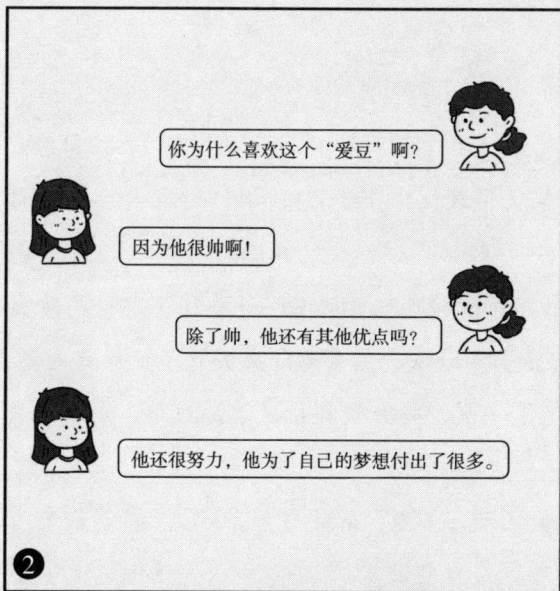

你为什么喜欢这个"爱豆"啊？

因为他很帅啊！

除了帅，他还有其他优点吗？

他还很努力，他为了自己的梦想付出了很多。

❶ 他确实又帅又有型。

❷

❸ 我要像"爱豆"一样刻苦训练。

1 家长要先认同孩子偶像的优点；

2 引导孩子深入思考"爱豆"的其他优点，引导孩子追求内涵；

3 引导孩子将追星行为迁移到自身学习、兴趣爱好等具体事情上。

第三节 "不就四百块嘛！"——让孩子体验赚钱的 辛苦与不易

"不就四百块嘛！咱们家又不缺！你至于大吼大叫嘛！"小宇不耐烦地捂着耳朵。

原来，正读初一的小宇打算请同桌吃肯德基，爸爸让小宇自己转50块，没想到，小宇竟然偷偷转了400块。他带着同桌去吃了日料双人餐，两个人还去游戏厅"潇洒"了一圈，将余钱都换成了游戏币，痛快地玩儿了一下午。

回家后，爸爸阴沉着脸问道："我不是让你转50吗？你怎么转了400？剩下的钱哪儿去了，赶紧给我转回来。"小宇不以为然地说道："花完了，吃的日料，再说了，您这50块钱够干吗啊，谁请客就拿50块钱啊？！"爸爸一拍桌子："两个小孩吃饭，你花400！你不是说去吃肯德基吗？下次你一分钱都别想要！也别想再请谁吃饭了！"

就这样，小宇和爸爸针尖对麦芒，互不相让，这才出现了开头那一幕。

随着智能手机的普及，"熊孩子玩游戏花掉父母血汗钱""小学生打赏主播万余元""上网课要小心，有孩子已被骗 12 万元"这样的新闻层出不穷。随着人们生活水平的不断提高以及支付方式的改变，孩子对金钱的概念也越来越模糊。

其实，孩子在很小的时候，家长就应该有意识地对其进行财商教育了。4 岁左右的孩子已经能明白钱可以购买物品，8 岁左右的孩子已经能够明白储蓄的意义，到了 10 岁左右，孩子已经可以明白投资、理财等与金钱相关的概念。家长应该结合孩子的年龄在不同成长阶段科学培养孩子的财商，在此基础上引导孩子形成正确的价值观和消费观，避免孩子出现畸形消费、肆意挥霍的叛逆行为。

案例中的小宇是一个"蜜罐里泡大"的孩子。在他看来，小学生花四百块请同学吃喝玩乐是件稀松平常的事。即便爸爸批评了他，他也满不在乎地认为，四百块钱对自己家来说根本不算是一笔大数目。可见，小宇的家长在孩子的财商教育方面是比较失败的。

那么，如何纠正孩子的不良消费行为呢？在陪伴孩子成长的过程中，家长要有意识地培养孩子的财商，而财商教育的第一步就是让孩子拥有属于自己的钱，让孩子明白钱不是大风刮来的，而是靠辛勤劳动换来的，给孩子机会让孩子明白赚钱的辛苦，必要的时候或条件允许的情况下让孩子亲自体验赚钱的艰辛。

为了让小宇知道赚钱不容易，爸爸退了一步，说道："好，既然你觉得四百块钱是小钱，那你就自己凭本事赚吧！"

爸爸拿出一叠文件，说道："这四百块钱我就不跟你要了，你不是会用电脑吗,你把这些报表上的数字填写到word文档的表格里。填一份,我给你一块钱。这一沓文件总共100份,你把它全填完,就能赚到一百块钱了。不过,我丑话说在前面,如果你填错数字或数据,每错一处,我就要扣你一块钱。也就是说,一份文件,只要你填错一处,这一份文件就算白录了,明白了吗?"

小宇满不在乎地说道:"没问题,说话算话。"说完,小宇便在电脑前"忙碌"起来。忙碌一小时,小宇才录入了十几份文件,按照爸爸"结算工资"的标准,自己也就赚了不到20块钱。就这样,小宇"工作"了一下午,眼睛都被密密麻麻的文件数字搞花了,终于,他录完了100份文件。谁知,他因为粗心大意,有三十多份文件都出现了录入错误,最后,爸爸只给小宇结算了62元。

小宇拿着自己的"血汗钱"仰天长叹:"天啊!我至少得干一个星期才能吃一顿日料!以后我再也不乱花钱了!"

家长可以带着孩子感受赚钱的辛苦,但是,尽量不要通过做家务支付报酬的方式去让孩子体验。很多家长喜欢用做家务这种简单的方式让孩子体验赚钱的过程,比如"拖一次地给一块钱""扫一次地给五毛钱""刷一次碗给一块钱"等。

孩子是家庭的一分子,作为家庭成员承担相应的责任和义务本就理所当然。如果家长将"家务"与"赚钱"挂钩,孩子就可能产生"家务本来就不该我做""不给钱我就不干家务"之类的想法。其实,让孩子体验赚钱的方式也不少,家长可以尝试下面这些方式,它们都可以在一定程度上让孩子体会到赚钱的艰辛与不易。

1. 出售手工制品

家长可以买来原材料，让孩子做些手工制品，比如首饰、手袋、发圈等，然后摆摊出售。家长可以支付孩子手工费，也可以告诉孩子，"你每卖出一件小物品，我就给你提成1块钱。"这样不仅可以调动孩子的积极性，锻炼孩子的动手能力与人际交往能力，还能让孩子明白金钱的来之不易。

2. 出售闲置物品

孩子可以将自己闲置的玩具、文具、书籍放到二手物品交易网站上，也可以在社区申请摆摊，通过向社区居民们兜售闲置物品来赚钱。

3. 给家长打工，或帮助家长工作

一些国家的青少年会通过送报纸、送牛奶等方式赚取零用钱，国内的孩子也可以通过帮父母"打工"的方式来赚取费用。比如例子中，浩浩爸爸便让孩子帮自己录入数据，以此来赚钱，这样不仅能让孩子对父母的工作有一定了解，同时也能让孩子明白金钱的来之不易。

为了让小宇进一步体验金钱来之不易，爸爸决定让他当一天家里的"采购员"。

周六早上，小宇跟奶奶来到菜市场，他看到好几家肉类小摊，小宇随便选了一家，正准备买，奶奶连忙制止他，叫他"货比三家"后再决定。在摊主和奶奶的帮助下，小宇发现不同种类、不同部位、不同摊位的肉价格都是不同的，最后，他选了一家肉质好、价格便宜的摊位，购买了

午餐需要的猪小排。

随后，小宇又来到卖蔬菜的地方。他发现，带泥的蔬菜要比洗干净的蔬菜便宜很多，于是，他便买了一些"泥土豆"和"泥胡萝卜"。来到酸奶区后，奶奶让小宇选择了"买一送一"的促销酸奶，这样能省不少钱。

一上午下来，小宇觉得自己脑子都不够用了。原来，自己的"财大气粗"都是建立在家人"精打细算"基础上的，他羞愧地低下了头。经过这次大采购，小宇第一次知道原来购物里面也有大学问，自己所学的知识根本不够用。原本以为赚钱就够不容易的了，没想到，花钱也有这么多学问！

除了让孩子体验赚钱的艰难外，家长还可以有意识地带孩子感受什么样的消费才是理性消费。例子中，小宇爸爸放权给孩子，让孩子当了一天的"采购员"，通过理性采购，小宇明白了消费其实也很有学问，从而让孩子树立了理性消费的观念。

当孩子意识到赚钱的艰辛后，他们就会有意识地调整自己的消费观念，家长可以趁此机会引导孩子合理管理、支配财物，让孩子正确的消费观得到进一步增强。

育子秘籍

让孩子体验赚钱的辛苦与不易，我们可以尝试下面方式

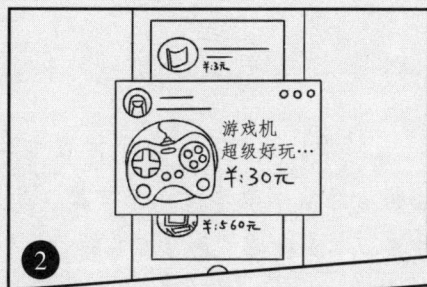

1 制作并出售手工制品；
2 出售闲置物品；
3 给家长打工，或帮助家长工作。

第四节　避免畸形消费，你需要从小对孩子进行财商教育

　　"浩浩，这种车模你不都有三四个了吗，怎么又买了一个？浪费！"爸爸从浩浩手里拿过一个车模，生气地说道。浩浩摆摆手："哎呀，不就是一个车模嘛，能花几个钱。"

　　看着"财大气粗"的浩浩，爸爸无奈地跟奶奶对视一眼。爸爸对浩浩说道："你知道吗，浩浩，光你这个车模就花掉了奶奶半个月的工资。"浩浩撇了撇嘴："有这么夸张吗？这个车模也就一千多块。"

　　爸爸倒吸一口凉气："你好大的口气！奶奶退休金才两千块钱！何况，家里已经有类似的车模了，你为什么还要买？"浩浩毫不在意地说道："我看奶奶赚钱挺容易的，每天在家歇着便能轻轻松松赚两千。况且不就是个车模吗，只要我喜欢，一千块钱也不算什么。"

　　爸爸气得不行，他让奶奶立刻去商店把车模退掉，然后把浩浩拉进屋里："今天我一定要好好跟你讲讲，赚钱到底有多难！"

　　在绝大部分家庭中，孩子都是当之无愧的家庭中心。他们花的钱都是家长给的，家长不会让他们知道自己的辛苦，只会尽量满足孩子的需

求，为的是让孩子有一个快乐的童年。

可是，这很容易让孩子产生一种错觉，那就是钱并不难得到。他们不会觉得金钱来之不易，只会一味向家里伸手索取。

就像例子中的浩浩，他根本不觉得家人赚钱会很难。在他看来，家里每个成员都有赚钱的能力，就连不用上班的奶奶也有钱赚。这种家庭氛围让浩浩产生了错觉，觉得钱轻而易举就可以得到，对于自己想要的东西，哪怕花钱很多他也感觉不到，慢慢便养成了乱花钱的习惯，严重的甚至会出现畸形消费的情况。面对孩子的种种不良消费行为，家长到底该怎么办？首先应该让孩子了解家长是如何赚到钱的，当孩子了解了赚钱的过程后，他们才会明白钱的来之不易。

比如，当家长为孩子解释自己的工资从哪儿来时，可以说，"我们的钱都是上班挣的，你上学的时候，我们在上班。爸爸每天上班都需要找客户购买我们单位的产品，有时还要去外地寻找客户，只有有人购买爸爸单位的产品，爸爸才能挣到钱。除此之外，我每天还要核对公司的很多账单，核算很多账目，工作很多，有时还要加班。我们的钱就是这样通过每天不停的辛勤劳动换来的。"

再比如，对于老人的退休金，家长可以这样为孩子解释："爷爷奶奶年轻的时候是工人，那时每月挣的钱他们会留下一部分存在银行等老了干不动的时候花，另外爷爷奶奶还交了国家的养老保险。现在爷爷奶奶已经退休了，国家开始给他们发养老金，这样爷爷奶奶除了以前攒的钱，每月还有退休金。他们的钱是之前的劳动换来的。"

当孩子明白钱是通过劳动获得的之后，他们便会懂得钱是来之不易的。对于来之不易的钱，我们如何引导孩子去管理它们呢？家长可以根据孩子的年龄分阶段对孩子进行财商教育。

1.6~8 岁孩子的财商教育

6~8 岁的孩子已经能够明白钱的基本概念和作用了，这一阶段的孩子已经萌发了独立意识，他们认识钱，并知道不同币值之间的区别，他们能够基本管理好自己手中的物品。对于这一阶段的孩子，家长可以通过购物游戏激发孩子的交易兴趣，进一步体会钱的作用，也可以让孩子亲自去体验购物，比如可以让孩子帮忙去商店买东西，不过给他的钱要刚刚好，无需找零。除此之外，为了增强孩子对钱的认识，家长可以有意识地告诉孩子自己学习才艺或者校内用餐等方面的具体开销。同时，也可以根据孩子的具体情况适当给孩子零花钱。

2.9~10 岁孩子的财商教育

9~10 岁的孩子自主意识进一步增强，他们和朋友的关系更加密切，开始有了不能让父母知道的秘密。

对于这一阶段的孩子，家长应该定期定量给孩子零花钱，另外应有意识地培养孩子的"储蓄意识"，让孩子知道即便有钱，也不能任性地花掉，否则到了该用钱的时候，就会发现"钱到用时方恨少"。

家长可以让孩子准备两个信封，一个是"短期零用钱信封"，另一个是"长期计划信封"。家长可以给孩子 10 张 1 块钱，或 20 张 5 角钱，让孩子将这些钱分别放入两个信封。家长可以对孩子说："这是你一个月的零用钱，你可以把钱放入'短期零用钱信封'，用这个信封里的钱购买笔、本、零食等。这个月剩下的钱，你可以放入'长期计划信封'，这个信封里的钱，每个月妈妈会给你'利息'。如果你信封里有 1 块钱，妈妈就会给你 2 角钱利息，如果有 10 块钱，妈妈就会给你 2 元钱利息，明白了吗？"对于这一阶段的孩子，家长可以进一步让孩子体验消费，引导孩子建立健康科学的消费观。家长可以带孩子一起逛超市，参加超市的采购活动，可以让他们购买"必买清单"中的一些商品，并许诺，如果有剩余的钱可以给孩子充当零用钱。付账时，家长可以让孩子去收银台交费，并接受找零，让孩子切身体会金钱与消费之间的关系。

除此之外，家长要教导孩子劳动的美好，告诉孩子可以通过整理变卖家里的废品来赚钱，或者利用自身的特长、兴趣爱好来赚钱，比如通过写作投稿来赚取稿费。家长可以为孩子准备一个透明的大储蓄罐，让孩子看到这些不起眼的收入是如何随着时间和努力积少成多的。

3. 11~13 岁孩子的财商教育

这一阶段的孩子很多已进入青春期，独立与自主意识大大增强，他们能够做大部分家务，小朋友之间的争吵纠纷也逐渐增多。

对于这一阶段的孩子，家长要继续定期定量给孩子零花钱，并告诉孩子存款和利息的关系，引导孩子如何用已有的钱再赚到钱。

日常生活中，家长可以给出预算，让孩子帮忙买东西，通过购物，让孩子体验如何花最少的钱买到最实用或最适合自己的东西。

如果孩子有自己特别喜欢的贵重物品，家长可以鼓励孩子，让孩子自己想办法赚钱去实现愿望。总之，对于金钱和孩子的消费行为，家长要尽早对孩子普及相关知识，并进行必要的财商引导，努力帮助孩子形成科学健康的价值观和消费观，这对孩子的成长是大有裨益的。

不同成长阶段孩子的财商教育重点

1 6~8 岁孩子的财商教育重点：认识钱及钱的作用；

2 9~10 岁孩子的财商教育重点：培养孩子的"储蓄意识"；

3 11~13 岁孩子的财商教育重点：鼓励孩子自己想办法去实现愿望。

第九章

换种理念爱孩子，从根源上减少叛逆行为

第一节　每个孩子都是独一无二的，并非孩子都是别人家的好

　　鹏鹏最讨厌逢年过节，因为每逢过节，爸妈就要带自己去走亲戚，每次走亲戚，爸妈都会对自己的鄙视更深一层。

　　放暑假，鹏鹏跟爸爸妈妈回了奶奶家，正好大伯家的表哥霖霖也回了奶奶家。鹏鹏一家刚进门，大伯就笑眯眯地问道："鹏鹏期末考得怎么样啊？你霖霖哥考了全年级第一，有啥不会的，就让霖霖哥教你啊！"鹏鹏爸妈脸色有些不好，打着哈哈敷衍过去了。

　　吃饭的时候，鹏鹏正在跟同学聊微信，霖霖已经帮着奶奶把菜端上桌，并把椅子、筷子、碗摆好了。"你看霖霖！多懂事！你再看看你！一天到晚就知道玩手机！"鹏鹏爸一把夺走手机，低声呵斥道。鹏鹏不情不愿地上了桌，饭桌上，大家都在不停地夸奖霖霖，鹏鹏在一旁简直成了透明人。

　　吃完饭，鹏鹏想睡个午觉，可霖霖没有睡午觉的习惯，他正准备背英语。这时，妈妈悄悄对鹏鹏说道："去，你跟霖霖哥哥一起背英语去，别成天就知道睡觉！"

这时，鹏鹏再也忍不住了，他把枕头往地上一摔，委屈地说道："霖霖，霖霖，你们所有人脑子里都是霖霖！为什么大家只喜欢他？干脆让他当你们儿子好了！"

在孩子成长过程中，很多家长都会将"你看看别人家孩子……"挂在嘴边，比如自家孩子活泼开朗，当遇到文静乖巧的孩子时，家长就会忍不住说一句"你看看人家，多文静乖巧，就你一刻也闲不下来。"再比如自己家孩子文静乖巧，当遇到活泼开朗的孩子时，家长又会羡慕，"你看看人家孩子多活泼，就你跟个木头桩子似的。"

很多家长之所以会在孩子面前夸奖别人家孩子，是为了让自己家孩子"知耻而后勇"，是想通过激将法让孩子更努力，从而变得更优秀。但这样做效果如何呢？事实上，这样做除了会招致孩子反感外，对孩子的成长几乎不起任何作用。不少孩子被念叨急眼了，还会顶嘴"你看别人的妈妈都那么好，怎么就你这么差"。面对此情此景，家长不但不会反思，反而觉得"你这孩子怎么这么没良心""怎么这么不知道感恩"。

家长在孩子面前夸赞"别人家孩子"，孩子很可能会觉得"爸妈不爱我""爸妈觉得我很差劲""我不配当爸妈的孩子"，他们更多会沉浸在上述悲伤中，却很少懂得"知耻而后勇"，长此以往，孩子就会变得越来越叛逆，家长也会越来越伤心。可见，想要靠夸奖"别人家孩子"而激励自己孩子的家长，实在是事倍功半了。

晚上，鹏鹏早已进入梦乡，可爸爸妈妈却一直没睡着。白天，鹏鹏一语惊醒梦中人，他们这才发现，原来自己"激励"孩子的行为竟然变成了鹏鹏的负担。

第二天一早，大伯来奶奶家吃早饭，又开始大谈特谈霖霖如何懂事。这时，鹏鹏妈妈淡淡地笑了笑，说道："是呀，霖霖是鹏鹏的表哥，当然优秀了。鹏鹏在运动会上拿了三项单人赛第一名，霖霖也该多运动运动才是。"

大伯讪笑道："运动？运动好有啥用，小孩子谁不会跑跑跳跳的？运动会第一能加分？"

妈妈笑着说道："我喜欢学习好的孩子，也喜欢体育好的孩子。鹏鹏小舅家的哥哥就是因为篮球方面很有天分被保送到东北大学了。"

大伯不吱声了，鹏鹏不好意思地低下了头。今天的早餐，鹏鹏只觉得格外美味！

"别人家的孩子"，简单点说，就是那些在家长看来光芒万丈的孩子，这样的孩子似乎永远那么完美，没有缺点。当家长把羡慕的目光投向他们时，殊不知，自家孩子此时或许已经因为敏感而失去了安全感，久而久之，积压的负面情绪便会促使孩子用叛逆的行为来保护自己脆弱的心灵。

孩子天生就懂得察言观色，有些家长即便不在口头上夸赞"别人家孩子"，孩子也会从家长的语气、表情等分辨出家长的态度。其实，每个孩子都是独一无二的，他们都有自己的优势，都有自己的思想，都有自己的个性。既然家长本身并不完美，我们又何必逼迫孩子成为一个完美的存在呢?

我们要尊重孩子的个性,不仅要让孩子意识到自己是独一无二的,而且家长也要改变观念,相信每个孩子都是独一无二的。那么,家长可以如何陪伴孩子呢?

1. 善于发现并肯定孩子的优点,不管这个优点多么"微不足道"

在"唯成绩论"的气氛中,很多家长都忽略了孩子自身的优势。

比如孩子不擅长学习,却很擅长整理,可家长没有发现孩子擅长整理的优点,反而还因为孩子"整理物品耽误学习"而斥责孩子。如此一来,孩子不但学习成绩不会上升,其擅长整理的优点也会丢失。

再比如有些孩子做事利索,家长预计两小时才能写完的作业,他们一小时就可以完成。可是,这种高效却很难获得家长的认可。他们会觉得,孩子根本没有用心学习,孩子只想赶紧糊弄完作业然后出去玩。就这样,孩子养成了"磨洋工"的习惯,最后成绩不但没有提高,还变得越来越拖延。

所以,家长要善于发现孩子的优点,肯定孩子的优点。即便这个优点与学习无关,即便这个优点微不足道,家长也要肯定它,让孩子知道"爸爸妈妈一直在关注你"。

2. 不要盯着孩子的缺点不放,不要给孩子贴标签

对孩子,尤其是 12 岁之前的孩子来说,父母的话是很具有权威性的。所以,家长一定不要成天将孩子的缺点挂在嘴边,更不要给孩子贴标签,比如"你真是个笨蛋""没见过你这么蠢的孩子""你真是没救了"等。

在教育孩子的过程中,很少有家长会将注意力放在孩子的优点上,他们会无意间更多地去关注孩子的缺点，不断提醒孩子，让孩子改掉缺点。可事实上，时间久了，这样做只会让孩子对自己做出错误评估，让孩子产生自卑心理。而且，这种教育方式也会影响亲子间的感情，等孩子步入青春期，亲子间的裂痕就会进一步扩大，面对孩子的叛逆行为，家长就会更加力不从心。

　　每一个孩子都是独一无二的，家长要用发展的眼光看待孩子的成长，多关注孩子的优点，不断去鼓励孩子，帮助孩子树立信心，在此基础上让孩子更加健康地成长。

多去发现孩子身上的优点，原来自家孩子也不赖

1 善于发现并肯定孩子的优点，不管这个优点多么"微不足道"；
2 不要盯着孩子的缺点不放，不要给孩子贴标签。

第二节　角色定位要准确：孩子是教育的参与者，而非接受者

　　小飞的朋友过生日，他去礼品店买了包装纸，打算自己把礼物包装一下。他费了半天劲，终于把礼物包好了，看着自己亲自包装好的礼品，小飞觉得还不错。这时，奶奶见小飞包得不好看，便拿过礼物说道："你这包得太丑了，赶紧撕掉，奶奶教你怎么包。"谁知，小飞根本不领情，他一把拿过礼物："不用，就这样挺好的。"

　　奶奶撇了撇嘴："你这包得不好看，我只教你包礼物的方法，礼物还是你自己包，行不行？"小飞没理会奶奶，只是说道："不用了。"奶奶有点生气："你这孩子，怎么一点儿都不虚心呢？真是不受教。"

　　晚上，小飞开始做数学题，有一道题他想了五分钟都没落笔。爸爸在一旁忍不住说道："这个很简单，我告诉你……"爸爸还没说完，小飞就捂着耳朵说道："哎呀你先别说，让我想一想！"爸爸笑着说道："好好好，你继续想。"

　　可是，奶奶却在一旁说道："这孩子最近越来越不懂事了，早上我教他，他也跟我顶嘴，我看是该打了。"听了奶奶的话，小飞"啪"一

下把数学练习册扔到桌子上，索性吼道："行了！我不做了！你们做吧！"说完摔门而出。

例子中，小飞看上去是个脾气大、不虚心受教、还喜欢和家长顶嘴的孩子，但事实上，小飞却是一个喜欢独立思考、喜欢探索、且自尊心较强的孩子。小飞之所以不喜欢让奶奶教自己包礼物，是因为他觉得奶奶的话外音是"你做得太差了"，自己包了半天的礼物，在奶奶看来就是"丑"，就是"应该被撕掉"，这让小飞自尊心受到了不小的伤害。而小飞之所以不愿意让爸爸立刻说出答案，是因为他想独自探索、独立思考。他觉得，自己在苦思冥想后得来的答案，要比爸爸直接告诉自己更有"尊严"。如果家长在孩子思考的时候，忍不住说"这个其实很简单""这个应该这么做"，那就等于剥夺了孩子思考的权利，也会在一定程度上打击孩子的积极性，挫伤孩子的自尊心。所以，小飞看似叛逆的行为，恰恰是他为了满足自己的内心需求，想靠自己的力量独立解决问题的表现。小飞的行为不仅不应该受到批评，反而应该受到表扬。

当孩子跟家长闹别扭时，家长第一反应大多是"这孩子，又不听话了"。产生这种念头后，家长的情绪就会变坏，就会觉得很烦。情绪上来后，家长就会忍不住责备孩子，要么简单粗暴地训孩子一顿，要么站在大人角度讲一堆令人厌烦的大道理。就这样，孩子觉得家长根本不理解自己，慢慢地，他们便变得越来越不想跟家长交流了，这种行为在家长看来，便是"不受教"的行为。

案例中，小飞的奶奶犯了个很常见的错误，这种错误很多家长都会犯，那就是他们潜意识认为孩子应该是教育的接受者。事实上，孩子是教育的参与者，他们与教育者（比如父母）有着平等的关系。也就是说，孩子应当以与家长平等的身份参与到教育过程中，否则，孩子很容易因为教育认知不同而与家长产生冲突。比如，家长担心孩子有危险，于是经常提醒孩子"要小心""小心车""小心走路""小心爬高"等。事实上，提醒孩子小心并没有太大作用。从某种程度上讲，家长反复多次提醒孩子"要小心"，就等于告诉孩子"你很冒失"，这样不但不会减少孩子身边危险的发生，还会让孩子觉得很不舒服。孩子希望能与家长站在同样的高度，所以，家长与其反复提醒孩子"要小心"，倒不如在一开始就将注意事项，特别是不同情况下可能会出现的不良后果一一告知孩子，然后尽可能预见会发生的事情，剩下的，完全可以交给孩子自己把握。孩子从错误中吸取教训，才能更加独立地面对成长。

我们在前面提到过，孩子并非家长的附属品，而调查结果也表明，在家庭成员关系中，孩子更愿意成为家长的合作者。幼年时期，孩子喜欢依赖父母，可上了小学，特别是到了小学高年级，孩子对父母的依赖会逐渐减弱，他们更希望父母将自己看成大人，此时，如果家长还以"高姿态"教育孩子，孩子就会觉得自己的地位和自尊受到了伤害，从而做出一系列叛逆行为来表示对抗。

孩子之所以会叛逆，很多时候是为了脱离家长的控制，他们渴望独立，渴望掌握自己的命运。在陪伴孩子成长过程中，家长应该多征求孩子的意见，适当采纳孩子的意见，让孩子真正参与到教育中来，让孩子真正获得自尊，获得掌控感，这样才更有利于从根本上解决叛逆问题。

时刻谨记孩子是教育的参与者，而非接受者

1 家长不要掌控孩子；
2 尊重孩子，让孩子自由地探索。

第三节　重建亲子关系：试着成为孩子的朋友

　　绵绵是一名初三学生，马上就要中考了，她内心一直很焦虑。

　　这天放学，绵绵一开门就听到了推杯换盏的声音，原来是家里来客人了。看见女儿回来，绵绵爸爸赶紧招呼道："绵绵，快跟叔叔阿姨们打个招呼。"

　　绵绵无精打采地打了个招呼，就要回房间。谁知，绵绵爸爸说道："等一会儿，打个招呼就走怎么行？你不是二胡过级了吗，赶紧的，给叔叔阿姨们演奏一曲。"

　　绵绵有些无语："我今天作业特别多，我要赶紧写作业去了。"

　　爸爸不依不饶："你这孩子怎么回事，怎么这么不懂事儿！让你表演你就表演，有什么不好意思的啊！快，老爸给你拿二胡去！"说完，绵绵爸爸就起身去给绵绵拿二胡。

　　爸爸的强迫让绵绵很烦，她把二胡重重地推向爸爸："你烦不烦啊，说不拉就不拉！"

　　绵绵爸爸顿时感到面子大失，他推搡了女儿一把，严厉斥责起绵绵不懂事来，绵绵的眼泪大颗大颗地往下掉。周围朋友赶紧过来劝，家里的气氛顿时跌到了冰点。

案例中的爸爸并不理解尊重孩子，绵绵面对升学考试很有压力，但爸爸非但体会不到孩子内心的焦虑，反而将孩子当作自己的附属品，强迫孩子在朋友面前为自己争面子，最终导致矛盾爆发。

面对青春叛逆期的孩子，家长到底该如何和孩子相处，以什么样的身份和孩子相处呢？事实上，和成人间的相处一样，家长应该学会换位思考。在陪伴孩子的过程中，父母应该设身处地地站在孩子角度，结合孩子近期的成长环境和面临的一些学习或生活中的问题多替孩子考虑，而非像案例中的绵绵爸爸一样主观任性地去要求孩子。

在与青春叛逆期的孩子建立亲子关系方面，家长应该努力成为孩子的朋友。那么家长如何做，才能真正成为孩子的朋友呢？

1. 朋友关系，需要保持相互尊重

为什么教育学家提倡家长蹲下来跟孩子说话？因为朋友是不存在仰视与俯视的，如果家长总是一副居高临下的样子，声色俱厉地呵斥孩子，孩子又怎会相信家长是真心想与自己成为朋友的呢？就像绵绵爸爸，他当着众人的面斥责孩子，试想，我们会在同样的场景下斥责自己的朋友吗？所以，尊重孩子，保证孩子的自尊与自信，孩子才愿意放下戒备，才更愿意接纳家长。

2. 朋友关系，需要相互保守秘密

我们小时候也会跟自己的朋友交换秘密，并为朋友保守秘密。如果朋友拿着自己的秘密，去跟其他人大肆宣扬，那相信没人会愿意继续跟

他们做朋友的。

如果孩子愿意把自己的秘密告诉家长，那就等于孩子向家长交付了自己的信任，如果家长没有替孩子保守秘密，反而大肆宣扬，或者对孩子的秘密不屑一顾，甚至出言嘲讽，那么家长就会逐渐失去孩子的信任，在孩子心中，自然不会将家长看作自己的朋友了。

3. 朋友关系，需要志趣相投

仅凭家长权威，家长是无法与孩子建立牢固的朋友关系的，共同的兴趣爱好，共同的携手合作，它们才是让亲子关系长久保鲜的密码。当然，这里的兴趣爱好并非局限于一起踢球、一起下棋，必然还包括更深层次的志趣。比如家长和孩子有共同的信仰，在这样高层次的志趣下，孩子才会觉得父母与自己属于同一战线，才更愿意与父母成为朋友，并且成为真正的、长久的朋友。

4. 朋友关系，需要彼此宽容

如果孩子在犯错之后，父母不依不饶再三训斥，孩子就会变得战战兢兢，严重的时候甚至会叛逆，这时，亲子关系就变成了对立关系，而非朋友关系。孩子不敢面对自己的过失，还有可能一步错，步步错。面对孩子的成长问题，家长要尽量宽容面对。

有些家长认为，与孩子"交朋友"会影响自己话语的权威性。其实，对于青春期的孩子来说，家长的话在一定程度上已经失去了绝对的权威。与其在自己与孩子之间设置一道沟壑，倒不如试着与孩子做朋友，这样，孩子才更能听进父母的话，也更愿意采纳父母的建议。

当然，尊重孩子不等于无条件满足孩子、顺从孩子。在与孩子的相处过程中，家长不应该将孩子看作自己的附属品，这是家长应遵循的原则，而对于孩子，在其成长过程中决不能触犯法律，并且要坚守基本的道德原则，这是孩子的成长底线。每个孩子都是独立的个体，家长应该尊重理解孩子，努力成为孩子的朋友，这样相信孩子也会回报家长一份惊喜。

在成长过程中，每个人心里都曾有一颗名为"叛逆"的种子。这颗种子或者受到滋养，慢慢顺其自然地长大，或者受到压抑，没有发展下去的空间。

其实，叛逆从来不是贬义词，它只是孩子自我意识爆发的表现。孩子叛逆，"叛"的是家长的思想，"逆"的是家长的要求。孩子叛逆，是因为他们终于鼓起勇气做自己，这是一个打破自我、收获自我的过程，也是一个值得鼓励和欣喜的过程。

叛逆的孩子，就像一个挣脱蛋壳想要拼命长大的小鸡。在陪伴孩子成长过程中，家长往往会把自己当作蛋壳，一边束缚孩子挣脱，一边抱怨孩子攻击自己。可家长却忘了，自己不是蛋壳，只是哺育小鸡的鸡妈妈。理解孩子，尊重孩子，拿出耐心，你就会发现，原来孩子依然那么可爱。

最后，希望每个孩子都能健康、快乐地成长！

如何成为孩子的朋友

1 和孩子成为朋友需要父母与孩子相互尊重；
2 和孩子成为朋友需要父母与孩子相互保守秘密；
3 和孩子成为朋友需要父母与孩子志趣相投；
4 和孩子成为朋友需要父母与孩子彼此宽容。